U0347230

应变之道

不确定时代的
职业生涯规划与建构

田振敏 ◎ 著

机械工业出版社
CHINA MACHINE PRESS

本书为读者提供了面对未知职场挑战的实用策略。第一篇解析了职业规划挑战与后现代生涯理论，引导读者以基于优势的方式规划未来。第二篇和第三篇聚焦于认知职场环境和探索个人优势，帮助读者建构生涯愿景与职业定位，并强调家庭沟通的重要性。第四篇关注生涯发展与管理，涵盖身心健康、心理资本、社会支持系统和财富积累等方面的内容，为读者提供全面的生涯管理指导。本书旨在帮助读者在不确定的职业环境中实现个人与职业的共同成长。

图书在版编目（CIP）数据

应变之道：不确定时代的职业生涯规划与建构 / 田振敏著. -- 北京：机械工业出版社，2024. 11.

ISBN 978-7-111-77145-6

Ⅰ. C913.2

中国国家版本馆 CIP 数据核字第 2024FH0774 号

机械工业出版社（北京市百万庄大街22号　邮政编码100037）
策划编辑：张潇杰　　　　　　　责任编辑：张潇杰
责任校对：龚思文　王　延　　　责任印制：郜　敏
三河市宏达印刷有限公司印刷
2025年1月第1版第1次印刷
145mm×210mm · 6.375印张 · 1插页 · 126千字
标准书号：ISBN 978-7-111-77145-6
定价：59.80元

电话服务　　　　　　　　　　　网络服务

客服电话：010-88361066　　　机　工　官　网：www.cmpbook.com
　　　　　010-88379833　　　机　工　官　博：weibo.com/cmp1952
　　　　　010-68326294　　　金　书　网：www.golden-book.com
封底无防伪标均为盗版　　　机工教育服务网：www.cmpedu.com

序

2024 年，因为这本书的出版，对我来说太不寻常。从萌生想法到完成主体写作，前后不到两个月的时间。接着联系出版社，改稿、审稿、定稿，顺利得连我自己都有点难以置信。这个经历让我悟出了一个道理：即使没在计划之列的事情，有时候只需一个起心动念＋立即行动，就会变为现实。应不应该、可不可能、太早或太迟，都是自我设限，关键问题是"想不想""想怎样"。

以百岁人生为例，也许 20 岁的你才走完了人生的 1/5，40 岁的我也才走过不到人生的 1/2。想想看，现在的我们应该被定义吗？就读的专业、从事的工作、自我的认知、别人的评价都固定不变吗？当然不是！真正意义上的生涯发展是从有想法的那一刻才开始的，我们都还有很多时间去创造更多的可能。

与此同时，世界本来就是一个极其复杂的系统，如今多变的局面更是超出了人们的原有认知，全球政治格局、社会治理规则、企业战略机会、个人职业发展都遭受了重大挑战。"这个世界唯一不变的就是变化"，这是智者总结出的真理。而"生涯之学乃应变之学"这是我在初学生涯时便获得的意义非凡的一句话。这也正是在这个时代实现生涯发展的良策。

　　带着这样一种认知，本书提出了"在不确定时代职业生涯不能被完美规划，只能被逐步建构"的观点。个体应对"不确定"时代的较为正确的方式应该是：助长生涯愿景——规划目标计划——建构积极生涯。其实我们所有人都是在"边走边看"，但这种"看"不是漫无目的地随意闲逛，而是洞察社会趋势，是基于自身优势带着目的去悉心观察、严谨分析、刻意练习及主动建构。

　　回顾我的咨询和教学历程，基于涵盖了高考选科、志愿填报、职业定位、职业适应、生涯平衡、职业转型等生涯议题的逾 1000 小时的生涯咨询个案，我主要运用后现代生涯理论和咨询技术，结合中国特色的就业育人理念，提炼出了"不确定"时代职业生涯规划与建构的方法论。这些方法不仅帮助了包括中学生、大学生、职场人在内的群体，还给予我很多生命的滋养，助力我走出人生低谷。因此，我相信它们也能给你一些启发和帮助。

田振敏

2024.9.25

目　录

序

第一篇

"不确定"时代职业规划面临的挑
战与后现代生涯理论的回应

第一章　职业规划的挑战与困惑

　　世界正在经历一场百年未有之大变局，我们处在一个复杂的、极速变化的、不可预测的"不确定"时代。科技的高速发展是造就这个"不确定"时代的关键性因素，当前工业互联网、大数据、区块链、人工智能、云计算、量子传送等技术日新月异，成为全球新一轮科技革命和经济发展的动力引擎。

　　全球数字化的高速发展蕴含着"未知""意外""不稳定"等诸多的不确定因素，新技术渗透到人们生活的各个领域，所有事物都因此发生着变化。

　　世界本来就是一个极其庞杂的系统，如今变化之快、变化之复杂更是超越了人们的原有认知。全球的政治格局、社会规则、企业战略、个人发展都面临重大挑战，也正在被重新定义。具体来说，"不确定"时代给个体生涯发展和职业规划带来的挑战主要体现在以下三个方面。

一、计划与变化的博弈

当下，我们正经历着第四次工业革命，大数据、云计算、物联网、人工智能、5G 等技术是新一轮产业变革的支撑，在极速变化的背景下，技术的持续迭代推动着产品不断升级，产品与服务加速融合，行业重新被定义。

目前，国内正处在经济结构调整、产业升级的关键时期，同时也是经济动能转换、市场化改革深化的关键时期，劳动密集型的旧产业逐步被淘汰或转移，智能制造、新能源、新材料、生物医药、新兴服务等是新一轮的优势产业。

全球化和信息化的发展，带来了职业的多变性和组织的流动性，组织模式正在发生深刻变革，很多企业为了提高效率和激发员工的创造性，已经将传统金字塔结构的组织管理模式转变为更有利于管理和更能激发员工创造性的扁平化组织模式，如很多科技企业采用合伙人模式。

在传统工作方式中，岗位与工作者角色固化并成为一种基本的工作模式，工作者有固定角色、路径，承担明确的职责，按照流程和标准完成具体任务。但是在"不确定"时代，企业不可能一直处在稳定的环境中，企业的发展战略、发展空间、目标和绩效无法单方面设定，而是由工作者、顾客、产业伙伴甚至智能机器等多工作主体共同影响，因此企业岗位设置和工作任务都在不停地分解和重塑。

以上发生于行业、组织和职业岗位的诸多变化，导致当代个体生涯发展路径的不确定性增加。职业生涯领域的主导理论成型于职业环境比较稳定的时期，组织的基本形态是金字塔结构，一个人几乎终生都服务于一个组织。现在人们所处的职业环境与当时这些理论提出时的职业环境相比有了巨大的变化，传统生涯理论所强调的确定的、线性发展和可预测的生涯状态已不符合如今的现实需求。

过去人们追求稳定性，而现在需要适应不确定性，在不确定中看到趋势和机会；过去人们按照企业提供的精确轨道规划自己的职业目标及路径，而现在需要主动规划，甚至建构自己的职业发展道路。

二、人工智能带来的职业变革

随着科技的发展，特别是近年来人工智能已成为一种变革力量，重塑了行业并逐渐改变着人们的生活和工作方式，这些变化给职场带来益处的同时也带来了困惑。人工智能继续以惊人的速度发展，正逐渐取代人们所从事的工作，现在已有近5%的工作被人工智能取代，以后会越来越多。

例如，若干年前人们还无法想象的超市自动收银机、银行自动柜员机、AI 客服等，如今已经非常普及。与之对应的超市收银员、银行柜员、人工客服已逐渐被人工智能替代，也就是说那些凡是可量化的、程序化的工作未来都将由机器完成。

有机构预测，到 2035 年，大量的工作岗位将会被机器替代。高科技快速淘汰落后个体甚至群体是一个必然趋势，然而这种趋势正在愈演愈烈，"将要被替代"的担忧让人们感受到巨大的生存压力，同时也加剧了焦虑。

因此，在新旧模式交替时期，工作者不仅要按照传统职业要求完成工作，实现良好绩效；还要用未来的眼光洞察趋势，跟上变化，持续建构优势，进一步在人机并存的环境中发挥自身价值。

那么，什么样的工作在短期内不会被人工智能替代呢？麦肯锡在报告《后疫情时代经济之未来的工作》中指出，不能被替代的都是需要人类情感参与、富有创意性、社交性比较强的复杂劳动。这对生涯教育目标——"培养什么样的人"和"怎么培养人"给出了有力回应。

美国作家、趋势专家丹尼尔·平克在《全新思维》一书中提出，具备设计感、娱乐感、意义感、故事力、交响力和共情力这六大全新思维能力的人才能决胜于未来。我们可以看到的是，人工智能虽然可以优化和取代一些工作，但到目前为止，各行业从事着创造性复杂劳动的专业人才无法被人工智能取代，但那些程序化、模式化、结构化程度较高的工作被替代的风险仍然较大。所以，是时候给传统工作增添点"情感参与""社交属性"及"创新性"的温度了。

三、多元化与个性化需求

随着知识经济的到来，全球化程度的提高，技术的快速发展，竞争压力的增强，导致企业的不稳定性增加，因此业务转型、规模调整、组织精简和雇用模式转变是企业必须对外在环境做出的迅速响应。与此同时，裁员、转型、多样性员工、外包和临时雇员的增加都是发生在员工端的重要事件。这种变化不仅让工作形式灵活且多样，如全职工作、兼职工作、弹性工作、自由职业、斜杠等，而且工作内容也在跨界整合。因此，"一份工作干到退休"的想法放到现在是特别不切实际的，职场人都会被动或主动地重新规划自己的职业生涯。

除了外在环境因素的变化，个人内在对职业成功的标准也在发生变化。传统的职业成功是一种客观职业生涯的成功，是否成功是由外在的、客观的标准进行衡量的，比如收入水平、晋升高度等。

在今天，人们对于职业生涯成功的衡量标准发生了改变，很多人甚至认为，自由地控制自己的时间是职业生涯成功的标志。在生涯咨询中，我的很多来访者对工作的自由度、发挥空间和成就感都有着普遍追求。人们不再认为向上升迁是成功的唯一标志，他们认为个性化、多元化发展也是成功。

在复杂多变的社会背景下，新成长起来的年轻一代对职业有着不同于以往的认知，这使他们在职场中的追求也发生了变化。他们生长于中国富裕起来的时代，父辈为他们打下了一定的物质基础，使他们可以不为五斗米折腰，有条件按个人兴趣去做事，去追求参与感、存在感和幸福感，可以不依附于、受制于单一组织，去不断寻求与自己更适配的工作内容及环境。因此我们不难发现，组织内部的人际冲突、工作倦怠、工作内容与期待不符等问题都可能导致员工跳槽。

"不确定"时代将人们的生活模式从制度化、机构化转变为个人化，强调生涯的个体性，包容的、多元化的客观选择和个性化的主观倾向让个体生涯发展呈现出差异性。每个人自身条件、特质和外部环境的实际情况不同，规划内容自然不同，用一个职业规划模板服务于所有人显然是不科学的。从职业目标到职业路径再到发展策略都需要个性化，一人一案，精准职业规划是必然趋势。

同时，"不确定"时代让职业生涯规划成为一个频繁且长期的需求，随着人们寿命的增长，一个人很可能从20岁到65岁都处在职业期，而对于那些老有余力的人来说，退休后还会选择继续工作。可以说职业生涯规划伴随着一个人的大半生，并且不会一成不变。理想的状态是，人们在每个职业阶段或在个人经历了重大事件之后，都对自身状况进行梳理、复盘，进而对职业规划及行动策略进行调适，以更从容的心态奔赴下一个生涯任务。

"不确定"时代，对于那些还在固守经验的人，那些把"确定""稳定"当成是人生目标孜孜追求的人来说，是一个巨大的威胁。如果他们没有能力认知和识别这些变化，无法做出有效调整，就会导致个人发展与时代脱节，从而陷入困境。而对那些能够理解不确定性，知道如何应对并有效运用不确定性的人来说，这是一个巨大的历史机遇。总之，人们需要快速调整认知，在不确定性中把握确定性，而更为重要的是，在不确定性中找到机会。

第二章　后现代生涯理论的启示

　　生涯理论是研究者们对相关生活经验的研究、总结和提炼，只有对这些理论有较深入的把握才能有效理解和解释个体的生涯发展现象，从而更好地进行有针对性的职业生涯规划。

　　现代工业社会中，个体的职业发展和工作对组织的依赖性较高，雇用关系相对稳定，人们只需要简单地选择一份工作，做出职业抉择即可。因此，20世纪初期，在职业生涯发展领域，人职匹配理论占据主导地位，该理论的基本模式和特点主要是强调个人特质与相关职业的关联及适配，强调个体职业选择的可匹配性及可预测性。人职匹配理论的核心是，"如果人们能够清楚地了解自己，同时也了解外部环境，那么就可以选择最合适的职业了"。人职匹配论影响深远，直到现在我国许多高校的职业规划教材、各种职业规划认证培训，都是以人职匹配理论为底层逻辑进行设计的，基本遵循自我特质探索-外部环境探索-决策三个基本步骤。但是，此类强调职业和组织环境的清晰性、稳定性的传统职业生涯理论模型，无论是人职匹配理论，还是生涯发展阶段理论，都无法应对"不确定"时代出现的新情况、新问题。然而，我们似乎可以从后现代生涯理论中找到时代回应。

本书所讲"后现代生涯理论"，是指后现代主义世界观和方法论涉入生涯领域后，给生涯理论带来的新观点和新变化。后现代主义强调没有单一不变的真理，只有由人们自己建构的现实及真理；强调接纳不确定性和片断性，拥护多元文化观点，尊重多样性和差异性。

现代生涯理论主要受逻辑实证主义的影响，认为人的生涯发展是线性的、可预测的；而后现代生涯理论则是强调多元和变化，人们通过生活经验赋予客观事物意义，主观解释大于客观现实。

后现代生涯理论主要有生涯建构理论、生涯希望理论、生涯混沌理论和生涯咨询领域的叙事取向生涯咨询、焦点解决短期治疗等，见表2-1。

表 2-1 生涯理论的发展与演进

代表人物	帕森斯	金兹伯格 舒伯（前期）	舒伯（后期） 克朗伯兹（前期）	克朗伯兹（后期） 萨维科斯	斯奈德 奈尔斯	普莱尔 布莱特
年代	1900 年代	1950 年代后期	1970 年代后期	1990 年代	1990 年代	2000 年代
主要理论	人职匹配理论	职业生涯发展理论	社会学习生涯理论	生涯建构理论	生涯希望理论	生涯混沌理论
理论特质	1. 特质因素论 2. 人境适配论 3. 心理测验量表 4. 个别差异	1. 生涯是一种"发展"的历程 2. 以"自我概念"为主 3. 职业自我探索量表 4. 个别发展 5. 静态生涯转向动态生涯	1. 生活广度/生活空间 2. "角色理论"的维度 3. 价值观量表 4. 探索"生涯决定"的论述 5. 社会影响因素 6. 个人学习经验影响	1. 善用机缘论 2. 接受生涯犹豫 3. 持续性学习的影响 4. 个人生涯建构系统 5. "授权""取代""适配" 6. 叙事治疗 7. 焦点解决短期治疗	1. 以希望为中心的生涯发展模型 2. 生涯希望能够带来积极的生涯行为 3. 希望-行动胜任力	1. 改变 2. 机缘 3. 复杂性 4. 碎形模型 5. 发现模式 6. 吸引子

一、生涯建构理论：打造个人独特的职业路径

目前生涯建构理论影响最大的研究者是萨维科斯（M. L. Savickas），基于丰富的生涯咨询实践经验和深厚的生涯理论学术功底，萨维科斯吸纳了建构主义、后现代思想等哲学观念以及其他生涯发展阶段的理论框架，于 2002 年正式提出生涯建构理论（Career Construction Theory）。它抛弃了静止的生涯选择观念，注重个体的主观建构，生涯的发展性、动态性和适应性，旨在阐明职业生涯发展是个体通过有意义的职业行动与工作经历建构的，生涯建构的过程就是个体在工作中实现自我的过程。萨维科斯认为，人们要掌管好自己的生涯，就需要找到生涯主题，一旦主题确定，选择职业就是把个人的主题在生活中具体化，职业生涯发展就是个体围绕职业生涯这一人生主题而展开的内涵丰富的主观建构过程。在此过程中，个体的内心世界与外部环境不断互动、调整，以达到某种相对适应状态。而生涯建构的重点就是帮助当事人在面对不确定生涯时重新建构自我的同一性，重新建构身份认同和职业适应性。

除此以外，克朗伯兹在后期提出的善用机缘论（Planned Happenstance Theory）也是生涯建构理论体系中较为重要的一部分。该理论启示我们：首先，善用机缘的重点在于不排斥意外的发生，强调对偶发事件的接受，以从中挖掘更多有益生涯发展的机会；其次，每个偶发事件都是机会，应培养抓住机会的技巧，这些技巧包括好奇、坚持、弹性、乐观以及冒险；最后，不应把生涯犹豫的现象视为需要迫切治疗的问题，而是对

"不能做决定"持开放的态度。

现代社会的不确定性为生涯建构论的产生提供了现实基础。经济全球化与价值多元化的发展使得职业市场对于职业者的要求不断变化，个体的生涯发展不再是基于自身职业特征与工作的固定搭配，而需要根据外部环境的改变不断调整自我的生涯行为。

二、生涯希望理论：在不确定中寻找希望

在有关希望的界定和相关研究中，目前认知取向的研究受到最多的重视，其中查尔斯·斯奈德（Charles Snyder）等人所发展的希望理论最为完整和系统。斯奈德认为希望是一种围绕目标设定的认知思考，主要涉及三个部分：目标、路径和动因。将希望理论运用到学校和职场两种场景下，便形成了诸如"就业希望""工作希望""职业希望"等概念，由此大量研究者将其归纳至生涯希望，并形成了生涯希望的相关流派。

具体而言，生涯希望可以用于表示个体对未来生涯发展充满希望的程度，也可以定义为个体在生涯发展领域面临问题或困境时，能使个体抱持乐观的态度、正面的动力及拥有处理问题的策略方法，其中以斯宾塞·奈尔斯（Spencer Niles）的希望行动理论最为有代表性。

斯宾塞·奈尔斯于 2010 年提出了"希望-行动"理论，即希望来自于行动，开创了以希望为中心的职业生涯发展模型。该模型认为想要在职业发展中游刃有余，首先需要具备对未来充满希望的信念，还要有意识地培养一些态度和行为习惯，以有效应对人生路途中随时出现的生涯挑战。该理论提供了一个希望－行动胜任力的框架，具体而言，包括希望、自我反思、自我澄清、愿景、目标设定和规划、执行和调试。在以上的要素中，希望是生涯发展的核心，其他五个组成部分是以希望为核心的生涯发展模型的基础。对于个体的生涯发展而言，对未来生涯发展充满希望的态度是催生其他几个方面的关键变量。如果没有希望，个体遇到生涯障碍的时候就会轻易放弃，因而也很难设置愿景、制定规划、实施与做出调整。该理论还提出了一种挑战性的生涯实践新模式，即首先制定具体的生涯发展目标与规划，然后将这些规划和目标付诸实施，最后利用实施中收获的新经验来指导下一轮决策。

三、生涯混沌理论：应对职业生涯的不确定性

生涯混沌理论的代表人物是罗伯特・普莱尔（Robert Pryor）和吉姆・布莱特（Jim Bright），他们是澳大利亚职业心理学家、生涯教育与发展领域的学者。他们在 2003 年提出了生涯混沌理论，也称非线性动力学，试图借鉴物理学、化学等自然科学领域的混沌理论视角来解释个体的生涯发展问题。它解释了生涯选择和发展中的偶然、突变、动态和概率性等问题，深刻地揭示了生涯系统具有复杂、不可预测、不断发展变化和不确定性的本质，充分考虑了生涯发展多因素的网络化影响方式。同时该理论认为生涯发展是自然的、内在的、具有自我组织和再生能力的，它将处在生涯发展阶段的个体看作是一个自我追求体系，不仅寻求生存和成就，同时也寻求意义、使

命、自我价值等。

该理论承认了当今的时代主题是机遇与挑战并存，既承认人类的创造性，也看到人类的局限性，强调在过程的偶然性和复杂性中生成的行为模式，因为生涯发展是一个复杂适应体，一些难以预测的突发因素都影响着生涯的发展，初始条件的微小差异以网络扩散的方式被放大，其后效不容忽视。

因此，生涯混沌理论提倡保持思想开放，尝试各种可能性，包括使失败成为可能，寻找并检查反馈，以了解什么有效，什么无效；增加可能改善的职业前景等。生涯混沌理论的应用价值还体现在提出了一系列新的生涯咨询策略、技术和工具，增加了生涯咨询、指导和教育实践的丰富度和有效性。例如，其中最具代表性的"蝴蝶模型"就将规划能力和应变能力有机结合起来运用于生涯决策，以理解生涯中稳定性与无序性并存的概念。

四、叙事取向生涯咨询："人≠问题"

叙事疗法是受到广泛关注的后现代心理治疗方式，由澳大利亚心理学家麦克·怀特（Michael White）与新西兰的大卫·爱普斯顿（David Epston）于1990年共同开创。"故事叙说"取向的生涯咨询摆脱了传统上将人看作问题的治疗观念，通过"故事叙说""问题外化""解构""发现闪光点""丰厚支线故事"等方法，唤起当事人发生改变的内在力量，最终让当事人掌握自身主动权。叙事取向生涯咨询的重要观点包括：

- 现实的社会建构性。叙事取向生涯咨询强调现实是由社会
  建构出来的，是由语言构成的。这意味着现实并非固定不
  变的，而是由人们的信仰、法律、社会习俗等交织而成的
  心理现实。这种社会建构论为改变当事人的问题故事提供
  了机会，使他们能够发展新的语言，从而探索新的可能性。
- "人≠问题"。将问题与人分开，把贴上标签的人还原，让
  问题是问题，人是人。如果问题被看成是和人一体的，要
  想改变就相当困难，但是问题外化之后，人的内在本质会
  被重新看见与认可，转而有能力与能量去解决自己的问
  题。叙事治疗是去标签化、去病理化的。
- 放下主流文化的量尺。任何生活事件都有多元的意义价
  值，将生活事件的多元意义的丰厚性展示出来，个体就更
  可能在其中选择符合自己价值判断的意义，进而感到自己
  人生是主动的，改变自身被动面对问题的策略，从而形成
  适合自身体验的自我认同。
- 去专家化、去中心化。当事人是自己生活的专家，咨询师
  不是权威，只是陪伴的角色，叙事治疗不是去改变一个
  人，而是协助当事人对自己充满自信，相信自己有能力解
  决自己的困难。
- 发现生命的意义。当事人的生命故事反映的是他们的生命
  态度、生命要求和生命抉择。在这里，对待生命的积极态
  度很重要，同样的事实，因为不同的解读，就会释放出不
  同方向的力量，故事中积极的能量被发现，向上的动力就
  会源源不断。

综上所述，叙事取向生涯咨询的主要观点强调了生涯的故事性和建构性，以及咨询师和当事人共同建构生涯关系的重要性。通过故事叙说和共同建构的方法，个体能够更好地理解自己的生涯，并为未来的发展制订合适的计划。

五、焦点解决短期治疗：多做有用、有效之事

焦点解决短期治疗是以寻找解决问题的方法为核心的短程心理治疗技术，是 20 世纪 80 年代初期由史蒂夫·德·沙泽（Steve De Shazer）和茵素·金·伯格（Insoo Kim Berg）夫妇以及一群有着心理、社工、教育、哲学、医学的多元训练背景的工作小组成员，在美国威斯康星州密尔沃基 (Milwaukee) 的短期家庭治疗中心共同发展起来的。

在这近三十年的发展中，焦点解决短期治疗已日趋成熟，国内的生涯从业者将焦点解决短期治疗的理论及技术在生涯教育、职业规划领域进行融合应用，在生涯咨询、就业指导、生涯课程设计、学生管理等场景中进行诸多实践，并获得了积极反馈。焦点解决短期治疗与生涯发展结合的可能性，主要体现在以下几个方面：

首先，生涯是一个从出生到生命结束的过程，涉及生活方式、工作形态以及对过去和未来的认识。在这个过程中，个体可能会面临各种挑战和困境，需要寻找解决问题的方法。焦点解决短期治疗技术以寻找解决问题的方法为核心，以现在与未来为导向，其主要任务在于探讨当事人所期待的未来，重视当事人的愿景、目标、优势、复原力、成功经验及有用之处，

可以从个体的成功经验和例外情况出发，引导个体探索解决问题的方法，帮助个体更好地应对生涯中的挑战，实现生涯目标，提升生涯发展的效果和质量。

其次，焦点解决短期治疗是一个重新建构的过程，是一个优势导向、复原力导向、动机提升导向的模式，它关注的是个体需要做什么达成想要的结果，而非谈问题本身。在生涯咨询中咨询师不是把目标强加于当事人身上，而是用当事人本身拥有的内外在资源来逐步建构出具体化、正向化、行动化、情景化的小步骤，并平稳地向前推进。要知道个体的成长和发展往往是一个渐进的过程，需要不断地做出调整和改变。通过应用焦点解决短期治疗技术，个体可以学会如何从小事做起，逐步积累改变的力量，最终实现生涯目标。

最后，焦点解决短期治疗技术还注重人际互动和系统观，认为个体的问题往往与其所在的系统密切相关，个体的发展也离不开与他人的互动和合作。因此，通过应用焦点解决短期治疗技术，个体可以更好地理解和处理与他人的关系，提升人际互动能力，为生涯发展创造更多的机会和资源。

综上所述，后现代生涯理论回应了多变的社会环境和个体真实的生涯情境，突破了根植于实证主义的传统理论。如果说传统的理论更加强调生涯发展的稳定性、重视个体生涯发展的规划能力，那么后现代的理论则是意识到了生涯发展的流动性和不确定性，这些理论大多持有生涯建构观、系统观，强调生涯发展是个体在与外部环境的互动中自我适应和主动建构的过程。

　　因此，在这个急速变动的"不确定"时代，在后现代生涯理论的影响和启迪下，本书提出了基于优势的生涯规划与建构，以期对当前生涯规划的不足进行补充调整，实现从匹配到适应，从理性决策到主动建构，从确定目标到拥抱变化的转变，创造更符合当代个体生涯真实发展历程，也更能激发生命力和创造力的生涯规划与建构的方法。

第三章 基于优势的职业生涯规划与建构

一、为什么要基于优势

1. 优势的定义与价值

研究发现，只有当人们投入更多的精力来发展自身优势，而不是改善劣势，才更有可能成长、成功。随着人工智能等新技术的发展，模式化、程式化的工作在不久的将来都会逐渐被替代，只有处在行业头部的卓越人才才可以永立潮头。

在未来的职场，个体不需要具备面面俱到的能力，而应基于优势和专长进行发展，人们凭借优势激发求知欲、创造力等内动力，通过高效学习、积极实践、终身发展，成为具备旺盛职场生命力的人才。职场中的成功者，无一例外都是将优势发挥到极致的人。

优势是个人在特定方面持续地取得积极成果的能力。在工作中，如果有机会做热爱并擅长的事，对于很多人来说是极其幸运的，生涯成功不仅依赖于客观评价，更重要的是主观幸福感的获得。汤姆·拉思在《盖洛普优势识别器2.0：现在，发现你的优势》一书中说到，个体如果对工作内容喜欢并认同，工作起来就更得心应手，就会全心全意投入工作，事实上这样的个体的整体生活质量就会较高，也更容易获得客观标准的成功。因此，职业发展一定要从自己的优势和资源出发，人们应该去做"少而准确的事"。

在盖洛普的优势体系中，优势由三个部分组成，它们分别是：才干、知识和技能，如图3-1所示。才干是人们个性中较稳定的元素，从词意上说它接近于天赋和潜能，有时候也翻译为"天赋"。但它和天赋略有不同，天赋更强调先天禀赋，但才干其实包括天赋遗传，也有生命早期的塑造，是个体天生的思考方式、感受方式和行为方式。知识和技能是优势的重要组成部分，因为没有基本的知识和技能，再有天赋也无用武之地。盖洛普优势理论主张基于才干，持续投入提升知识、技能，让潜能转化为独特的优势。

每个人在某个特定领域都有成功的潜质，人们专注于自己的优势时，事情就变得容易许多。在很多情况下，做自己擅长的事情会让事情变得简单，当我们能够投入大部分精力发挥自己的优势时，就会有超乎寻常的发展空间。

研究表明，在任何一个岗位，都有善用自身优势的典范，而生涯发展更是这样，了解自身优势并能迅速识别发挥优势的机会，找到适合自己的角色，积极建构优势，比职称、头衔甚至薪水都更重要。在这个越来越重视"才"的社会，了解并发展自己的优势是职业生涯规划的第一步。

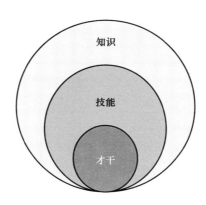

图 3-1　盖洛普优势构成图

　　而更为广义的优势还包括其他个人特质及外部资源等。每个个体都有独特性与差异性，每个人的人生经验都不可能完全相同，要分析洞察个体优势，就应该尊重这些独特性和差异性，这是进行职业规划的重要基础，也是人们共同的渴望。

　　2.　优势的未来及资源视角

　　（1）未来视角

　　优势发展是朝向未来的建构，一个人会被过去影响，但不会被过去所决定，过去的经历也许不尽如人意甚至是失败的，但没有任何事情会永远如此，正向改变是一定存在着的，小的改变会带来大的改变，未来可以被创造，而一个人想要的未来会影响他现在的行动方向。

　　举个简单的例子，一个高考"失利"的大学生不喜欢所在院校及所学专业，一度陷入自责与懊悔中，埋怨中学时的自己不够努力或是运气不好。但是过去的事情无法改变，过度地陷入，会让当事人沮丧、低落，无法振奋精神过好当下的大学生活。如果这个学生切入优势思维，将关注的焦点转移，不再过多地停留在过去，也不再消极看待问题，而是关注现在，面向未来，去研究自己喜欢什么，擅长什么；未来发展需要什么，自己又该如何准备，那么他极有可能赋予这段失败经历以独特的意义，事实上，只有这样才能帮助个体从负面情绪中解脱出来，并朝向未来进行积极建构。

（2）资源视角

每个人都有属于自己的优势，如力量、成就、努力、坚持、毅力等。优势是一个人最大的资源。

在过去几乎所有的学习项目都有一个弊端，那就是意图帮助人们做他们不擅长的事。比如说有的人不太会体贴他人，那么就会被送去参加培训班，专门学习如何才能做个善解人意的人。人们总是穷尽一生的时间来改善劣势，却很少关注自身的优势。事实上，天生不擅长共情的人很难做到体谅别人，而那些天生喜欢表达，擅长与人沟通的人，就会比较容易获得他人的好感，从而赢得他人的信任。总之，人很难在自己不擅长的方面死磕到成功。

当人们被赞扬、被鼓励时，通常会拥有惊人的爆发力，只是他们自己并未察觉。职业生涯规划就是让人们去觉察、去思考、去确认并整理自己的优势力量，并让个体坚定地欣赏自己已有的、符合要求的丰富力量和资源，且对自己产生正向信念，强化自我对未来职业发展的主控感、责任感和力量感，而不是把注意力聚焦在还缺什么或劣势是什么。

　　3. 优势蕴含的主观能动性

　　优势本来就存在于个体中，发现优势的过程是对自己能力和价值的确认，朝向未来的优势建构更是发挥主观能动性的过程。主观能动性代表了一种不受情境阻力约束、自发寻求突破的内在动力和行为倾向，是个体生涯适应力最显著的预测指标之一。当人们无法在复杂易变的环境中依赖稳定的组织承诺和雇佣关系时，就必须发挥主观能动性去推动自身的职业生涯发展，通过适应环境变化，准确识别机遇，制定和实施有效的发展战略，建构个人期待的生涯。

　　优势视角不再局限于问题本身，而是将重心转移到问题的解决方式，关注个人能够突破障碍，发挥潜能，以及拥有实现理想的信心和行动。重视丰富能促进个体积极发展的各种资源，加强各种保护性因素的建设，增加带来积极结果的可能性，最终目标是要给个体带来力量和能力。

　　在如今的职场虽然存在"躺平"现象，躺平个体表现出没有那么强的能动性，没有那么能吃苦，但也许"躺平"并不是他们职业生涯的常态，只是他们进行自我调节的阶段性选择。况且还有相当一部分高自我效能个体，自我实现意愿强烈，对自己感兴趣的事情，很有责任感，很投入，也很能创造价值。他们愿意承担更多的责任，希望成为组织核心团队的一员，并尽可能实现职业价值。这些高自我效能个体主观能动性非常强大，他们把自己干成了拥有终生职业的高效能人才。

二、规划并建构职业生涯

传统生涯理论以"规划"为导向，鼓励明确目标，强调达成"确定"的状态。而在"不确定"时代，职业生涯具有变化性、模糊性、难以预测性等特征，精确地规划职业已变得不可行，因此现在建构比规划更重要。

在这个新模式与旧模式并存的时代，稳定与不稳定统一，可预测性与不可预测性同在。如今职业的多变性和组织的流动性已取代传统职业的稳定性和安全性，要知道在更大范围、更长时间维度里职业规划难以进行，不可预测性和不确定性才是生涯发展的本质特征，现在很多人还在追求的线性职业发展，这在当下变得越来越难。

职业生涯是个体按照自己理想的方式，处理一系列发展问题的成长历程。因此本书提出了：短期规划，中长期建构，弱化生涯发展规划力，提升生涯建构力的观点。

经典的职业生涯规划理论已经被引入中国高校教育体系。过去的教材将职业规划分为：短期规划、中期规划和长期规划，这种划分方法在当时是非常常见的。假设人们处在一个静态社会，职业种类有限，信息封闭，职业主要靠家族传承，铁匠的儿子很大可能还是铁匠，银行家、教师、律师都是经典的传统职业，从工作内容到所属行业，即使历经几十年也不会有太大变化，因此，职业是可规划的。但是，时过境迁，在"唯一不变的就是变化"的社会，制定长期职业规划无异于刻舟求剑。

科技革命速度加快，职业发展的节奏和速度随之变快。随着工业化的推进，很多旧有职业逐步消失，很多模式化、程序化的工作正在被人工智能替代，见表 3-1，另一些活跃领域又有新兴职业不断涌现，见表 3-2。如围绕"制造强国、数字中国、绿色经济、依法治国、乡村振兴"等国家重点战略，工业机器人操作员和运维人员、农业数字化技术员和农业经理人等也被纳入新版职业分类大典。

表 3-1　正在或逐步消失的职业列表

专职司机	公交车售票员	打字员
流水线工人	胶卷冲印师	客服人员
银行柜员	超市收银员	初级翻译

表 3-2　新版职业分类大典增加的新职业

区块链工程技术人员	互联网营销师	在线学习服务师
城市管理网格员	密码工程技术人员	直播销售员
工业机器人操作员	碳管理工程技术人员	农业数字化技术员
农业经理人		

传统的大学生职业发展教育提倡在大学期间通过内外环境探索，做出理性的职业决策，并在大学期间储备相应技能，明晰生涯目标，这一理性决策模式有利于聚焦精力，达成目标。但是，目标过于聚焦的个体，反而可能错失更多可能的机会。面对职业决策时，大学生与工作者也有着巨大的差异。工作者已经投入到职场中，面临的是职业适应与调整以及职业发展，经过评估，可以在某个阶段做出一项相对理性的、确定的选

择。大学生还处于"职业准备期"阶段，他们对工作的体验是零散的，更多的是一种预想，同时，个体的自我意识和观念与外在的职场又无时无刻不处于变化之中，不确定因素非常多。

因此本书主张职业规划应该从"理性职业决策"到"生涯不确定"，引导个体认识到不确定性的意义，对生涯决定保持开放和灵活的态度。职业生涯规划在实际操作层面应该聚焦于助长生涯愿景、规划目标计划、建构积极生涯三个方面。

1. 助长生涯愿景

对愿景的具体描绘，常会帮助人们预演未来成功的细节，容易让人联想到过去的美好经验或此刻可开始尝试的行动，如图 3-2 所示。所以，关注个体的生涯愿景，运用当事人自身的参考架构，探究他们偏好的未来，有助于转化出构建中长期生涯发展路径的高度动力、决心和希望。

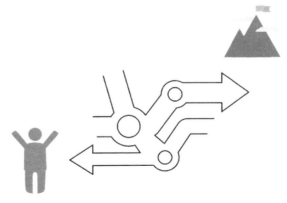

图 3-2　生涯愿景图

举个真实案例。在一次高考志愿填报咨询中，当事人因为成绩未达到重点线，非常沮丧，认为考分不高，上不了本科，对未来很迷茫。咨询中我们通过对生涯愿景进行构建，当事人想象出了未来担任机器人设计工程师的画面。作为咨询师的我，由此引导他对未来工作环境、工作内容及生活方式进行拓展设想。当事人还回忆起小时候他对机械、电动的热爱等细节，随后结合到他的优势学科，确定了智能机械、电气自动化作为专业方向，他也不再为能否上本科而纠结。

由此可见，尊重、引发及支持人们对未来愿景的想象，引导人们进行对未来可能性的探索，能使当事人不胶着于过去或现在的困境，反而更能掌握目前拥有的资源，也能对所处困境与期待的未来产生新的诠释。同时，方向的修正或正向情绪的触动，会影响当事人当下的心态与行动的方向，随着愿景的持续深入，还能滋养出更多的希望和改变的契机。

2. 规划目标计划

人类已经迈入"不确定"时代，新兴组织结构正在朝扁平化、平台化、虚拟化方向变革，传统的组织结构受到很大冲击，但是它们仍然有存在的价值，例如科层制，它的灵魂是理性精神，是工业经济时代规模化生产最有效的组织形态。未来的组织模式和科层制并不矛盾，我们只能谈从组织的逻辑上打破科层制，而不能谈清除科层制，新旧组织模式还会并存很长一段时间。

由于诸如此类的原因，个人的生涯发展目前也还处在传统生涯模式与新兴生涯模式并存的阶段，变革较慢的行业、组织和职位还相对稳定，这为局部精确规划提供了可能性。即便如此，在生涯规划过程中也应将诸多"不确定"因素纳入考虑范畴，例如人工智能等对职业岗位的挑战。

要实现长期的生涯愿景，在操作层面需要将之进一步具体化为生涯目标，目标可谓是生涯规划的灵魂，行动计划、执行方案都是由目标统领，没有目标就谈不上生涯规划。一个较大的目标要拆解成若干个小目标，例如一个立志成为生涯教育工作者的准职业人，尽管无法在短期内达成这个大目标，但是他可以先学习生涯规划的课程，考取相关职业资格证书，还可以撰写该领域的专业文章，或找一份助教工作等。当这些小目标逐一达成时，就离他的终极目标更近一步了。

在这里需区分愿景和目标，现在很多人是有目标但没有真正的生涯愿景，目标应该是实现愿景的手段，而不是愿景本身。比如很多人把挣钱、买车、买房作为目标，这虽然没有问题，但如果仅仅把赚取物质收益作为职业愿景，就会让人们变得狭隘和脆弱，感受不到工作的意义。如有些个体认为读大学只是为了就业，工作的意义也仅限于挣钱，而忽略了学习本身的乐趣、意志力的修炼、认知的扩展以及能力的提升。

个体有了具体目标之后，行动便成了关键环节，这些小目标可以是依序完成，也可以是同时进行，如何安排？可能遇到的困难是什么？如何克服？哪些人能够提供支持帮助？为了避免纸上谈兵或是光说不练，就应思考达成目标的步骤，需要拟定一个或数个分阶段可完成的短程计划，进而逐步达成长远计划。

不过，从实际执行情况来看，长远计划的效果并不尽如

人意，太长的计划一般都很难实现，要么无法坚持，要么计划
赶不上变化。因此，更提倡人们在 3 ～ 5 年规划的基础上，梳
理出一个 1 年左右的、详细的行动方案，并尝试将它落实到可
操作层面，达到根据方案就能开启行动的程度。

　　3. 建构积极生涯

　　职业生涯是稳定与不稳定的统一。复杂的混沌系统表面
上混乱无序、不确定、不稳定和难以预测，实际上蕴含着有序
性、确定性、稳定性和可预测性。如今职业规划不必试图去预
测遥不可及的、不可触摸的未来，但是可以在洞悉未来趋势的
基础上，朝向未来积极构建。总之，个体的职业规划应确定好
大框架，不必一味追求规划的准确性，而是以积极的态度，对
决定保持开放或弹性。

　　在"不确定"时代里，优势是个体在职场安身立命之本，
是进行生涯建构的主要对象。从个人优势到竞争优势，再到核
心竞争力，是优势建构的基本逻辑。在未来社会，不被机器替
代的，都是有人类情感参与的复杂劳动。社交共情能力、沟通
协作能力是应该被重点建构的朝向未来的技能优势。个体具备
了适应复杂性的优势后，就可以对不可预测的生涯任务、所参
与的生涯角色、面对生涯改变而出现的不可预测的问题进行有
效应对。

　　以学生群体为例，可以以一个学习阶段作为一个建构的
时间单位。例如，高中阶段 3 年，大学本科阶段 4 年，研究生
阶段 3 年，工作后 1 ～ 3 年，30 岁之前等，个体聚焦于当前
所知、所能、所学，透过各种探索活动、集中学习和刻意练

习，创造积极的生涯事件并识别机遇，使"消极的不确定感"转变为"积极的不确定感"，这种接纳与积极应对，将成为人们的生涯助力和学习机会。

长期的生涯愿景是对发展轮廓的简单勾勒，只寥寥数笔，就描画出前行的方向，像指路明灯，似航海灯塔。

"千里之行始于足下"，再美好的愿景，再清晰的目标都需要脚踏实地地践行，而如何践行，就需要短期规划确定的步骤和精准的方案，且需密切关注外界环境变化，以开放的姿态识别并有效应用偶然出现的发展契机，启动生涯发展之轮。而建构职业生涯的重中之重则是个人优势的建构，它不是一朝一夕、一蹴而就的，需要长期地刻意练习，将个人优势发展为核心竞争力。

三、导向积极行动

基于优势的职业生涯规划是行动导向的。后现代生涯理论认为生涯是一个非线性动态变化的过程，个体生涯起始状态的微小差异可能导致巨大的变化，看似无足轻重的事件往往会对当事人的生涯发展产生难以预估的影响，哪怕"一小步"的行动在个人的生涯发展中也至关重要。

如果个体只是把职业规划停留在想象层面，不去采取行动，就不可能在复杂系统内产生影响，更不可能在偶然中学习；如果个体一定要在获得完美规划之后才去采取行动，那么就会在这个瞬息万变的职场错失许多机会；如果个体没有行动就不可能进行生涯建构，建构是一种行动，不同的生涯阶段有不同的生涯任务，这些任务促使个体主动去完成它们，从而建构个人生涯。行动是最能有效丰富个体提升职业能力的方式，因此我们要冲破完美迷雾，用小步迭代，代替完美等待。

行动导向的另一层含义还包括，个体是生涯的所有者和创作者，通过职业生涯规划，个体的职业能力能够得以建构和形成。在进行职业规划、生涯辅导的过程中倡导并要求围绕生涯愿景和职业目标促进职业行动能力发展。例如，在生涯咨询师对当事人的咨询辅导中，每次咨询都事前评估、事后修正的工作方法及步骤将会化为当事人的一项成长能力。

通过上面的论述相信大家已经发现基于优势的职业规划与建构和传统职业规划的区别。下面，我从对待职业的态度、规划方法、行动倾向、发展模式、学习方式、对专家的态度这几个维度对二者进行了重点对照，见表 3-3。

表 3-3　传统的职业规划和基于优势的职业生涯规划与建构的重点对照

比 较 项 目	传统职业规划	基于优势的职业生涯规划与建构
对待职业的态度	确定、预测	开放、灵活
规划方法	匹配	建构、适应
行动倾向	规划好了再行动	没有准备好也可以行动
发展模式	科层制职业发展路径	多元化生涯发展模式
学习方式	多学习	了解优势后加大投入
对专家的态度	专业、权威	去专家化、多元化

第二篇

职业认知与个人优势探索

第四章　职场环境与职场要求

一、行业、组织与职位的变化趋势

　　职场环境是人们在职业生涯发展中所处的外部环境，职业发展与社会经济、产业行业发展联系密切，个人在进行职业生涯规划时应该对赖以存在的产业行业予以深刻了解和分析。

　　人类历史曾经经历过一段漫长的前工业时代。由于生产力不足，在这一阶段，产业结构以农业生产和农产品轻加工业为主，十分简单，并且具有长时间的稳定性和延续性。除此以外，由于贸易往来并不发达，人们仍然停留在自给自足的小农经济阶段，因而社会大分工不足。

　　众所周知，每一次工业变革都会推动社会的进步、经济的发展、组织的变革以及人才的革新。根据马克思的《资本论》所述，资本主义生产方式使得从前的简单劳动过程转化为价值增值过程，从而反过来影响了劳动者的劳动方式和劳动的生产

性质。例如，第一次工业革命使得传统生产方式向机器生产方
式变革，极大地降低了生产成本，同时也使得许多传统岗位消
失，引起了企业组织的变革，而劳动力市场的调整也促使许多
劳动者要发展新的技能，提高自己的竞争力，满足企业的要求。

具体而言，工业化社会经历了四次变革，大致被划分为四
个时代，即：蒸汽时代、电气时代、信息化时代以及实体物理
世界与虚拟网络世界融合的智能时代。众所周知，蒸汽时代是
以发明蒸汽机为主要标志，通过水力和蒸汽机实现工厂机械化，
促进了产业结构由农业向工业转型和变化；电气时代以电力和
钢铁新兴成长为标志，在劳动分工基础上采用内燃机、电力驱
动产品的大规模生产，促进了重工业的发展，垄断企业也在这
个时期出现；信息化时代主要以信息技术的普及和进步为标志，
使制造过程自动化程度进一步大幅度提高，这一时期的重点是
创造和开发知识，促进了第三产业也就是服务业的发展；而在
智能时代，人工智能、云计算、互联网、大数据、区块链等新
一代技术则是全球新一轮科技革命和经济发展的动力引擎，以
高度灵活、个性化、数字化的产品与服务实现新的生产模式。

表 4-1　四次工业革命简表

工 业 革 命	发 生 时 间	主 要 变 革
第一次工业革命	18 世纪 60 年代至 19 世纪中期	蒸汽机发明、纺织用品增加
第二次工业革命	19 世纪下半叶至 20 世纪初	电力和钢铁的新兴成长
第三次工业革命	20 世纪后半期	信息技术、原子能技术、航天技术等
第四次工业革命	当代	人工智能、机器人、大数据等

从表 4-1 中可以发现，随着科学技术的进步，产业形态、组织模式以及组织对人才的要求也越发充满了不确定性。因此，职业生涯规划与建构需要充分考虑"不确定性"给行业、组织、职业岗位带来的变化。

1. 产业结构调整与升级

一般而言，产业是指具有某种同类属性的经济活动的集合体，行业是指具有高度相似性和竞争性的企业群体。新一轮工业革命以个性定制、数字信息、资源共享为标志，本质就是通过新一代技术，以从前大批量的同质化生产的较低成本，构建出个性化的产业，提高产品竞争力，从而促进产业结构改革。这意味着未来的企业将依托数字和信息的联通技术，自主监控生产环节与物流环节，更加及时地响应消费者的个性化需求。

为了在此轮工业革命和产业变革时代取得先机，各国纷纷出台了相关的政策，见表 4-2。例如，德国作为传统工业大国，在 2013 年率先正式推出了工业 4.0 战略，促进了德国产业朝向智能网络化结构转型；特朗普任美国总统期间，通过了《美国复兴和再投资法》，该法批准美国开展大型基础设施建设，以此来拉动本国制造业发展，并大力投资基础研究，同时搭建了"国家制造业创新网络"，促进工业互联网的形成；而我国也及时出台了推进新型工业化的战略及相关政策举措，促进信息通信技术和网络系统结合以及控制模式的转变，坚持调整产业结构，推动先进制造业的大力发展。

表 4-2　各国新一轮工业革命和产业变革的特点

国　家	特　点
德国	人、机器和信息的相互连接
中国	信息通信技术和网络系统结合以及控制模式的转变
美国	网络和数据改变工业价值

　　目前国内正处在产业结构优化升级，促进新旧动能接续转换的关键时期，工业化和信息化、先进制造业和现代服务业融合发展进程加速。一方面关注新一代新兴技术，以此为依托发展新兴产业、未来产业，推动优势和战略产业发展更上一层楼；另一方面对传统产业进行改造提升，推动其向更智能高端、更绿色生态的新型产业迈进，围绕构建以先进制造业为骨干的现代化产业体系，坚持新老并举，推动制造业迈向全球价值链中高端。

　　2. 组织革新

　　技术变革的演进显示，以技术为标志的变革带来了巨大的组织权力配置革命。一系列的技术创新导致了企业生产方式和组织结构的变革，组织结构向着更具柔性的扁平化、虚拟化与网络化的方向发展。企业力图通过不断的技术、产品创新与市场创新，满足客户的需求。

　　很多企业为了提高效率和激发员工的创造性，已经将传统的金字塔结构的组织管理模式转变为反应更敏捷的扁平化组织，例如，一些互联网企业提出了合伙人制度。

　　新一轮工业革命和产业变革中出现的新兴智能技术系统，通过将虚拟世界与现实世界信息有机融合，促使产品设计、开发、实验、生产与制造的高度智能化。企业可以快速利用客户的知识进行产品设计并通过智能化、模块化的制造技术将产品与服务迅速传递给消费者。因此，平台化与模块化将成为这一时代组织结构的普遍形态。

从企业关注重点看，过去他们更加关注内部管理模式，而如今开始重点关注外部用户需求。企业逐渐由内部管理走向社会合作，企业间、企业与用户间以及不同用户间的交互更加频繁和复杂。由此在企业内部创造用户价值的原有模式被打破，企业原有管理边界变得模糊化，过去单个企业仅凭自身力量提供价值的商业模式，已无法满足如今用户多样化、个性化、及时化的需求。

打造完整的商业生态系统，更及时地响应用户个性化的需要，成为新一轮工业革命和产业变革战略下各大企业满足用户需求和创造用户价值的必然选择。例如，海尔公司就以用户为中心构建了创客平台生态圈，该平台以共享为核心，吸引商业生态系统的不同参与者，引入人单合一模式，全面开放海尔各个环节的资源，进而促进整个行业内经济的良性发展。

3. 职业岗位变化

在"不确定"时代，企业不可能一直处在稳定的环境中，企业的发展战略、发展空间、目标和绩效无法单方面设定，而是由工作者、顾客、产业伙伴甚至智能机器等多工作主体共同影响，因此企业岗位设置和工作任务都在不停地分解和重塑，见表4-3。

表 4-3　传统就业与新一轮工业革命后就业的对比

传 统 就 业	新一轮工业革命后就业
工作（work）	
职业岗位	任务
单一的空间内的集合	分散在时间和空间中
雇佣关系	虚拟和市场关系
组织（organization）	
自足的	可渗透的（如可让外部进入来协同作业的）
分离的	相互联系的
孤立的	协作的
固态的	可延展的、可改变形状的
奖励或报酬（reward）	
永久性的	暂时性的
集体一致的	个性化和差异化
传统形式（金钱、时间、工作条件等）	创意形式（声望、点数、任务升级等）

　　一方面，为了及时响应用户个性化、定制化的产品和服务，传统的职业岗位工作内容在变化。例如同时有线上、线下业务的平台将客户服务和销售岗位进行了合并，在工作流程上客服人员对用户进行服务回访后，紧接着会向用户推销其他关联商品，这个岗位实际的工作内容就是"客户服务＋销售"，尽管也许在组织的岗位设置中岗位名称并未更改，但它已经包含了销售的职能，在绩效考评中销售业绩也会纳入其中。再如，销售工程师这个岗位也可以理解为精通技术的销售，他们负责给用户提供专业的产品讲解与演示，进行销售的同时还需提供售前、售中、售后的技术支持与服务，是"技术＋销售"

传统职能的组合。

另一方面，在数字领域、高科技行业和现代服务行业，新职业也在不断涌现，2024 年人社部又发布了 19 个新职业，它们涉及网络安全、数字智能、物联网、绿色职业等多个新兴产业，来满足当下快速多变的社会职业状况。

面对不确定的世界，人们可以做一些进阶思考：

- 请先对你的职业做一个描述；
- 思考你所在的行业和职业由于遭遇重大变革（受自然因素或人为因素影响）发生了哪些改变与革新？
- 回顾近 10 年的重大变革事件，你认为未来可能会增加哪些职业？哪些项目？你需要如何开始着手进行准备？需要做出怎样的转变？

二、职场对人才的价值要求

研究者认为，如今，不可预测性和不确定性已经成为生涯发展的本质特征，因此，在"不确定"时代，企业（组织）对人才的要求从关系型向价值型转变，相比从前更看重人才忠诚度的选拔模式，如今的人才选拔更看重人才的能力优势，看重人才是否能为企业带来价值。

本书将着重介绍"不确定"职场对人才的四大要求，即生涯适应力、创新能力、专业技能、协作性，为个体在不确定职场进行职业生涯规划和建构提供建议，如图 4-1 所示。

1. 生涯适应力

我国经济发展逐渐呈现常态化，经济发展红利逐渐减少，

相比于以往的时代，个体生涯发展难度加大，在当前环境中生
涯适应能力所起的作用要远大于生涯选择能力。

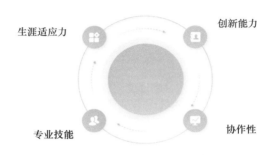

图 4-1　"不确定"职场对人才的四大要求

　　生涯适应力是指个体对可预测的生涯任务、所参与的生
涯角色以及面对不可预测的生涯改变或生涯情境中所产生的
问题的准备程度。生涯适应力是个体选择和适应环境的能
力，是一种可以培养、提高个体生涯竞争力的能力。在实
际情况中，生涯适应力也表现为个体思想、行为上的灵活
性和开放性。一个人只有敢于突破固有的思维模式，善于
根据环境的变化做出机动反应，才能称之为具有较强的生
涯适应力。

　　对身处"不确定"时代的个体而言，也许永远没有准备
好的时候，但永远有准备好的状态。生涯适应力强的另一个
特征是，他们从挫折中恢复的速度，他们把问题看成是正常
事件，能够冷静地从挫折中恢复过来，并迅速投入到下一个
阶段。

2. 创新能力

创新能力是个体在各种领域中不断创造经济、社会、生态等方面价值的新的思想、理论、方法或发明创造的能力。创新能力是人们将知识与技能用于解决复杂问题和处理不可预测情境所需要的最重要的能力，是各个国家、各个企业竞争的核心。"不确定"时代的职场充满不可预测性，当今在许多领域，特别是在未来产业或发生了颠覆性创新的领域，新情况、新问题层出不穷，超出了人们的固有认知，要解决这些新问题，且没有惯例或成熟的经验可以直接借鉴，必然需要人们应用创新能力，找到解决问题的新思路、新理论和新方法。

创新能力是一种由知识视野、创新意识、创新思维、创新素质和创新技能等一系列能力组成的综合能力，需要个体有意识地进行培养，只有通过对问题的深入探索、不断学习钻研、勇于提出新思路或新方案并付诸实践，才能促进个体创新能力的提高。

3. 专业技能

专业技能往往是获得职业的切入点，雇主会雇佣那些掌握了某些专业技能并预期能为之解决问题、创造价值的人。一个具有优秀专业技能的个体，一旦该项技能达到了不可替代的程度，其竞争优势便发展成个人的核心竞争力。

如今，人工智能对于人类职业格局的冲击是颠覆性的，这种颠覆不仅体现在自动化取代简单体力劳动，甚至有一定技术门槛的职业都会被逐步替代，只有那些长期专注于一个领

域，精通专业，始终致力于学科前沿领域，处于金字塔顶部的
高精尖人才才是不可或缺的。

受互联网影响，传统的产品、服务和工作方式都在发生
改变，企业逐步开始将部分工作内容转移给外部服务网络，包
括外包公司、合作伙伴和自由工作者等，因此，个体与组织的
关系发生了变化，个体的价值更加凸显，技能强、专业精的人
才倍受重用。

4. 协作性

据麦肯锡的研究，未来全球 50% 的工作将被机器人取代，
如：机械工程师、厨师、专职司机、代驾、收银员、银行柜员、
前台客服、翻译、流水线工人等。而在一定时间内不会被替
代的都是需要人类情感参与的创意性、协作性比较强的复杂
劳动。

协作性主要表现为人与自我的调适、与他人的交流和分
享、在复杂情景及集体当中的社会交往能力，在职场中主要表
现为雇员的情绪调节能力、与同事的沟通和分享能力以及其他
社会交往技能。

协作性是影响一个团队绩效的重要因素，但是团队绩效
能力并不是团队中个人能力的简单相加，高效协作的前提是每
个人具备特别擅长的专项，拿自己的长板去和别人的长板合
作，同时协作性也受到团队中各个成员个人协作性的影响，当
协作性较高时，团队总体能力会得到提高，反之，团队效率就
会比较低下。

在基于优势的职业规划与建构中，协作的功能还体现在

它是一种克服"短板"、发挥"长板"的方式，现实中职业人不可能找到 100% 喜欢并擅长的工作，但却可以通过协作、授权管理"短板"。

现在的职场生态中，社会分工极其细密，任何一项系统任务的完成都需要人与人之间的协作，而随着 AI 技术的发展，在人与人合作的基础上还需增加人机协作的新维度。

三、职业分析的路径与方法

"不确定"时代的人们普遍有着对于未来的焦虑，而消除焦虑、减少不确定性的方法就是努力看到未来，并且为未来做好准备。职业分析是一种帮助个体了解职场、摸清未知领域、拓展认知边界的重要方法。目前常用的方法主要有数据分析、人物访谈和职业体验三种。不同的职业分析方法能够帮助个体在不同阶段做出合适的职业生涯规划与建构。

1. 数据分析

大数据技术的发展，为人们看待世界提供了一种全新的视角。不论对行业还是对企业进行分析，其中最为科学、准确、具体的分析策略还是进行数据调查和数据分析，而且不管是企业还是个人，也都越来越多地依靠大数据作为决策的重要依据。

随着互联网技术的发展，信息共享成为一种趋势，学会搜集信息并对信息进行综合分析，从中提炼出重要信息，分析出研究对象的内在规律，对个体进行职业生涯规划与建构有着重要作用。表 4-4 给出了行业–组织发展情况的搜集渠道。

表 4-4　行业–组织发展情况搜集渠道

信 息 来 源	
行　　业	国家规划、政府工作报告、政府公开数据库、行业协会公开信息、第三方机构分析报告（如国内的"智联研究院"、猎聘网、艾瑞咨询等定期发布的分析报告）
企业基本情况	官网、天眼查、企查查等
财 务 情 况	官网、企业年报、媒体网站、行业论坛等
战 略 规 划	官网、官方微信公众号、招聘网站等
其　　他	微信、社交媒体等
职业岗位要求	官网、官方微信公众号、校招网、人才网站、行业论坛等

活动：同类相求

为了获取行业–岗位的普遍要求，我们需要搜集不同类型企业的招聘信息，找出共同点，获取通用性要求。

具体而言，根据入资来源，企业可以分为央企、国企、民营企业、外资企业、中外合资企业；根据企业在行业中的发展规模和竞争能力，分为头部企业、中部企业和尾部企业。

不同企业即使招聘的是同一类岗位，他们对雇员的要求也具有差异性，只有充分了解职位要求，才能结合自我优势，制定出符合现实条件的规划。以职能类人力资源招聘岗为例，从表 4-5 中可以看出：三类企业均对求职者的文字表达能力、办公软件使用能力以及人际交往能力提出了明确要求，而不同的企业对人才的具体要求也不尽相同，如相对于民营企业，央企和国企还要考核雇员的政治素养。

表 4-5　职能类人力资源招聘岗要求

企 业 名 称	企业类型 / 生态位	岗 位 要 求
某知名建造集团	国企 / 头部	汉语言文学、行政管理、人力资源管理、政治学与行政学、新闻学、公共事业管理、工商管理、经济学、统计学、劳动与社会保障、国际经济与贸易等相关专业 本科毕业；成绩良好、专业基础扎实，党员和学生干部优先录取；能够适应建筑施工企业工作性质和岗位需求；认同集团的企业精神
某健康管理有限公司	民营企业 / 尾部	根据公司业务规划，执行公司人才招聘、考核等人事程序；公司企业文化建设、团队建设的规划和执行；公司日常行政事务的执行；公司管理制度的监督实施和考核；公司交办的其他事务 全日制本科及以上学历，人力资源或管理类相关专业；有较强的沟通表达能力、思维能力、组织协调能力；有服务行业工作经验优先
某咨询有限责任公司	民营企业 / 中部	本科及以上学历，人力资源管理、心理学等相关专业优先；具有招聘或相关领域的工作经验优先；具备良好的沟通能力、组织协调能力、分析能力和人际交往能力。熟练使用办公软件，如 Excel、Word 等；细致认真，有责任心，能够承受一定的工作压力，具备良好的团队合作精神；对招聘工作有热情，善于发掘和吸引优秀人才，具备良好的职业道德和职业素养

　　除此以外，当对社会招聘渠道的研发岗位进行比较时可以发现，三大类型的企业都要求研发岗位人员具备丰富的专业技能以及职业经验，相对于知识优势（如学历），这一类的岗位对技能优势（如是否掌握算法、是否具有相关开发经验）的要求更高，而相较于央企、国企和民营企业，外资企业对雇员的外语能力提出了更高的要求，见表 4-6。

表 4-6　研发岗位职能要求

企 业 名 称	企业类型 / 生态位	岗 位 要 求
某知名车企	民营企业 / 头部	**系统工程师**：负责产品系统指标分解 任职要求：熟悉储能系统及欧洲、澳洲等各国储能系统标准；有扎实的电气、软件、结构、电力电子基础知识；熟悉产品开发流程
某知名车企 （中国）	外资企业 / 头部	**电池开发软件工程师**：具有汽车嵌入式软件开发的专业经验，熟悉汽车行业的软件审批流程，在基于模型的软件开发方面具有丰富的应用经验；对需求、变更和配置管理工具有处理能力和功能安全要求进行开发的能力，在复杂环境中具有较强的解决问题的能力，能够在部门层面（从车间到部门管理层）进行有效的沟通，能够在中国地区与不同的利益相关者 / 实体建立快速的网络。工程大学学历；3 年以上高压电池和软件开发领域工作经验，英语口语流利，会中文和德语者优先
某知名车企	国企 / 头部	**电池系统开发员**：电池系统结构领域工作 3 年以上，熟悉电池系统开发流程；具备电池结构布置、箱体结构设计、电芯模组布置、CAE&CFD 仿真分析、电气件选型、热管理系统设计、工艺设计等相关结构设计能力；国家统招大学本科以上学历，获得相应学位；外语水平通过国家四级；三年以上相关工作经验；身体健康

通过这个"同类相求"的过程，求职者就能了解一个岗位的通用性要求，可以把它作为生涯建构对标的一般标准，进而制定更加符合外部条件和发挥内在优势的职业生涯规划和建构方案。

2. 生涯人物访谈

对来源于数据库、网络、行业协会以及其他专业机构网站的数据进行挖掘、分析属于运用二手资料的研究，而生涯人物访谈、企业走访实习获得的是最为宝贵的第一手资料。

生涯人物访谈是指与行业内不同类型的人才进行访谈的过程，可以包括高管面谈、专家访谈、从业人士访谈等，这一过程可以帮助人们收集真实的行业、职业、岗位及人际信息，为进一步分析能力优势与职业的匹配度提供参考，过程中个体也可以就自己的生涯发展议题向业内人士寻求建议。

（1）生涯人物访谈提纲

在进行生涯人物访谈前，建议调查者可以根据个人特质和对行业的初步印象提出一些感兴趣的问题，以下的访谈提纲可供参考。

背景：
- 您是如何进入这个行业的？
- 您的教育背景是什么？
- 该领域对教育背景和工作能力具体有哪些要求？

工作环境：
- 您平时需要完成什么工作？
- 工作条件怎样？
- 工作的类型一般以什么为主？

挑战：
- 您工作中遇到最大的挑战是什么？
- 您觉得这个行业目前面临的最大的挑战是什么？

生活方式：
- 这类工作的假期多吗？工作时间长吗？

收获：

- 除了薪酬，您认为从事该工作最大的收获是什么？

薪酬：

- 新人的薪酬水平是怎样的？有哪些额外补贴？有哪些其他的福利？（例如，分红、保险、佣金等。）
- 该行业的岗位工资上限高吗？您觉得是否具有发展前景？

建议：

- 您建议我做什么准备，带薪实习还是无薪实习？
- 您对我的简历有哪些建议？

需求：

- 该工作的招聘需求是怎样的？
- 哪里有这样的工作？还有哪些其他领域的工作和您的工作相关？
- 您能向我推荐需要经常阅读的行业杂志或期刊吗？可以去哪些机构获取我需要的信息？
- 根据今天的谈话，您认为我还应该跟谁交谈？能向我介绍几位吗？我约见他们的时候，可以提您的名字吗？

（2）实施步骤

建议求职者在进行生涯人物访谈时可以按照以下步骤来进行：

- 先通过邮件或微信等媒介确定情况、表明自己的需求，然后得到回复后再打电话确认时间、地点。
- 介绍自己，包括自己如何得知对方的信息、需要对方提供什么帮助等，如果对方条件允许，请求其安排一个20分钟左右的电话或面谈。如果对方最近很忙，询问下一次合适的时间，或者请他给你介绍另一位访谈对象。

- 正式访谈。
- 访谈结束后，评估访谈成果，包括：
  - 你在约见和访谈时表现如何？
  - 得到你想要的信息了吗？还缺什么信息？
  - 你还需要访谈其他人吗？
  - 写一封感谢信感谢对方接受你的访谈。

（3）注意事项

- 尽可能地寻找从业时间不同、职位不同、性格特点不同的业内人士，一般建议访谈 3～5 位生涯人物。
- 尽可能去访问行业中的资深人士，他们在行业中浸泡多年，洞若观火，不仅能看到常人看不到的痛点，还能较为准确地预知行业发展趋势。他们的观点、建议对还未入行的年轻人来说非常宝贵。
- 着装得体。
- 不要迟到，尽量早到，如果访谈地点约在企业中，可以观察企业的工作环境。
- 在进行访谈时采取主动的态度，尽量采用开放式的问题，而非一般疑问句。

生涯人物访谈不仅可以帮助调查者了解行业的基本信息和当前状况，还可以帮助他们把自我的优势与行业要求进行初步匹配，同时在搜集信息、进行访谈和评估访谈的过程中，也使其协作性和沟通技能得以锻炼。

3. 职业体验

（1）企业开放日

企业开放日是企业吸纳人才的重要渠道，同时也是求职候选人了解企业氛围以及工作环境的重要途径。

在企业开放日时，人们可以注意公司环境，观察公司是否卫生整洁，工资待遇是否良好，观察企业员工风貌，仔细聆听讲解员的介绍，主动询问和了解自己感兴趣的问题，注意公司近年来的经营情况，包括销售数据以及未来的计划布局等。

目前，许多公司逐步开展了企业开放日活动，求职候选人及准求职者，可以提前从公司官网或者是企业公众号，了解目标企业开放日活动的具体情况和要求，积极参与活动，近距离了解企业。

（2）访企观摩

相比企业自发组织的企业开放日活动，我国各地地方政府为了招才引智，助力区域经济，持续性地开展了访企观摩活动，这一活动往往由地方政府牵头与各大高校进行合作，一方面增进高校及毕业生对地方产业行业的了解，增加大学毕业生的就业选择权；另一方面以高质量人才为地方经济发展提供才智支撑。

根据《教育部办公厅关于开展全国高校书记校长访企拓岗促就业专项行动的通知》（教学厅函〔2022〕3号）精神，各大高校与各地政府的合作越发紧密，例如西南大学曾与安徽省芜湖市合作，开展多日的访企观摩活动，共促产教融合、产学适配、供需对接。

同时，企业方面也与各大高校合作，组织了众多职业发展训练营，如开展前沿技术讲座、工作坊、技术实训、商务英语培训等。在校学生通过到知名企业和科研机构参访、实训、学习，以团队合作、案例分析、学术海报制作等实践形式，完成学习作业和暑期实训报告。职业训练营是企业提前校招、打造雇主品牌的方式之一，对高校而言，这类活动的开展，也有利于促进学生综合素养及实践技能的提升。

企业开放日与访企观摩活动均为了解企业工作氛围、工作环境、工作模式的重要活动，但只有"躬身入局"的就业实习才是更深入、更具体地了解真实职业的最有效途径。

（3）就业实习

相比企业开放日与访企观摩，就业实习是一种更深入的职业体验方式。一般而言，求职者进行就业实习的时间长度在一个月到半年不等。尽管相比于正式工作，就业实习并不会接触到十分核心的工作内容，但是通过此经历，实习生能够对企业的工作模式、工作环境、同事关系和福利待遇有进一步了解，就业实习也能使实习生对行业和岗位的了解更加具体而深入，而不只是停留在表面。从技能习得和掌握的角度，较为有效的实习期应该在3个月以上。从对本科毕业就进入行业头部企业的毕业生的访谈得知，他们在大学期间利用寒暑假积极实习，通常有着多段含金量较高的就业实习经历，这些经历帮助他们逐渐了解企业的工作模式，促使他们从思维到技能基本完成了由学生到职业人的转变。

随着互联网技术的发展，目前求职者可以通过各种信息渠道获取不同类型的企业实习。例如，可以通过 BOSS 直聘、智联招聘、实习僧等招聘 App 和网站获取中小型企业实习信息，向企业方直接投递简历；也可以通过关注各大企业的公众号了解其定期发布的实习生招聘信息；同时也可以通过企业官方网站获取实习资讯；还可以关注各种专业类公众号，上面会定期发布实习、招聘资讯；另外，还有一些非正式渠道，如校友群、实习共享群，或者通过学长、学姐等同学介绍获得实习机会，但个人需留心验证渠道信息的真实性，以确保实习安全。

第五章 发现你的个人优势

本书之前章节简要介绍了"不确定"时代的不可预测性，以及给职业生涯规划与建构带来的挑战。"人不可能事事皆行，但可以人尽其才"。诚如此言，了解个人优势是进行职业生涯规划与建构的重要一步。接下来本书将从理论和实践层面进一步解析优势，帮助大家进行个人优势探索，规划职业生涯发展路径。

一、优势的分类与识别

前面我们简要介绍了优势的定义，它是个人在特定方面持续地取得积极成果的能力。本章将继续介绍个人优势的分类以及如何进行优势发现的系列活动。

按照盖洛普对优势的定义及分类，优势由三个部分组成，即才干、知识和技能。

1. 才干优势

尽管人的个性会随着时间的迁移发生改变，但是就像有一部分的核心人格几乎不会发生改变一样，人的才干在人的一生中也会趋于稳定。人人都具有才干，然而，当被问及自己有什么具体才干时，人们时常感到很难回答。事实上，探索优势的常见方法包括：自我观察、他人反馈和科学测评。

（1）自我观察

只要细心观察，我们很容易发现自身所具备的才干，具体而言，一个人的才干优势通常蕴藏于如下情形中：

● 一学就会，快速掌握

那些你很快就会做的事情，也许就是你的某些才干在发挥作用。

举一个我儿子的例子。在他读小学低年级时，学校有手工课，老师课上会通过示意图和视频教学生们折各种小动物和花卉，他一学就会，而且做得又快又好，他能将那些看似复杂的步骤图迅速落实到纸上。由此我们可以推测，空间视觉能力和手部精细动作是他的优势。

● 自然而然运用，且拿到好结果

有些事情不需要刻意或努力完成，而是思维和行为习惯自然而然地运用，做起来轻而易举，且能收获好的成效；而另一些事情做起来却要费九牛二虎之力，甚至花费全部精力也未必能取得预期结果。

例如，有的人数理思维特别厉害，对数字很敏感，学习数学、物理、化学等理科轻松又愉快，不仅学科成绩好，而且能综合运用相关知识、技能进行应用领域的创新、创造。具备这类优势的学生就很适合选择相应的工科专业继续学习、深造。

- 动力十足、无限向往

　　在曾经做过的事情中，会有一些是让你充满热情、渴望再次尝试的事。这种无限向往的渴望几乎不受到外部环境的影响，不论外界如何评价，你都执着地想继续去做。

　　举个真实案例，我的一位来访者小 A，他虽然并未就读金融财务类专业，却对理财情有独钟，研究生时期协助导师管理实验室，负责实验物品采购，他能在保证实验室正常运转的情况下，把开支控制到最低。进入职场后无论在一线城市的民营企业工作，还是后来通过人才引进回乡任职，他都坚持理财投资，并且乐在其中、动力十足，他说，"这是工作之外他最喜欢做的事情。"

- 进入心流状态，产生强大的专注与激情

　　心流体验是指全身心投入的一种心理状态，心流产生的同时伴有兴奋感、满足感和幸福感，当人们在某项活动中处于心流状态时，会感到时间仿佛静止或转瞬即逝。

　　以我自己为例，讲课是我的心流事件，我可以以每天 6 小时的强度，连讲 3 天，甚至很多时候，培训结束的当晚还要根据学员要求，临时调整、增补课程内容，做课件到深夜，第二天继续讲课，也不觉得疲惫，且乐在其中。

　　由此可见，才干优势中蕴含着热爱，热爱是将职业做到顶尖的最强动力，它能助力个体克服职业发展中的艰难时刻。

人们常说要奉行长期主义，然而，却很少探讨如何才能将长期主义进行到底。

如果一份工作让身处其中的人毫无激情，甚至痛苦不堪，那么，当事人大概率是坚持不下来的。要知道真正决定人们要去做什么事情的是内在的热情，能够在工作中寻找到热爱和激情的人通常更为投入，也更容易取得成功。

当然在运用这个方法时，还可以反向观察，除了时刻关注自己什么时候特别投入、什么时候产生心流状态、什么时候精力充沛、什么时候充满能量以外，还要去留意什么时候状态游离、什么时候精神萎靡、什么时候无力难受甚至异常痛苦。

比如，有人不喜欢与他人交流，不善于应付复杂的人际关系，厌烦觥筹交错、推杯换盏。每当处理这些事务时，就会无精打采、特别烦恼甚至痛苦不堪。那么，在选择职业、建构生涯时就应该尽量避免这些"短板"和"不擅长"，尽量去做那些有吸引力、有兴奋感并且能发挥个人优势的事情，从中获得极大的成就感、满足感，才能从工作中感受到乐趣，才会主动思考下一步该做什么以及怎么做。

如果因为种种原因，你正从事着不那么能发挥优势，甚至恰好在"劣势"区的工作，那么可以考虑通过重新择业、岗位调整转换到能发挥个人优势的工作中去。

然而，世界上并不存在"完美工作"，任何一份工作都可能包含自己特别喜欢且擅长的部分和不喜欢甚至痛苦的部分，这时我们则可以运用优势思维，通过转换发展策略、改变工作方式、积极建构工作微环境及团队合作的方式进行优势管理，来克服眼前困难，突破职业困境。

（2）他人反馈

自我效能感高的个体往往会高估自己的才干，反之，则会低估自己的才干，因此，相较自我探索，他人反馈是发现才干优势的一个更为客观的途径。

我们可以主动寻求他人对自己的反馈，可以用如下问题进行结构化访谈。

- 您认为我在这一活动中展现了哪些职业素养、个人品质和才干？
- 您认为我在这一活动中展现出了哪些职业技能？
- 您认为我在这一活动中的表现有哪些需要改进的地方？
- 您认为我可以采取哪些方式进一步提升自己？
- 如果未来我从事某个领域，您认为现阶段我需要做什么准备？

进行完访谈后，还需要以综合全面、客观理性的态度看待他人对自己的评价。由于第三方的身份，他人更能关注到我们的优势或劣势，但也可能由于对我们缺乏充分了解而过分夸大这些特质。因此对于他人的反馈，我们不能不加判断地全盘吸收，而应在客观分析后，吸收其合理成分，并结合自我观察、科学测评等观测结果，全面、深入地认知自身才干优势。

（3）科学测评

- 盖洛普优势测评

盖洛普优势测评使用 34 个主题词来描述个体具有的常见才干，例如：成就、行动、适应、分析等，同时，这 34 个天赋才干又可以被分为 4 个子系统，分别是执行力、影响力、关系建立、战略思维，见表 5-1。就像这个世界没有两个一模一样的苹果，每个人的才干优势排序也是独一无二的，根据盖洛普研究统计，任意两个人前五项才干相同并且排序相同的概率是 3300 万分之一。

表 5-1　盖洛普优势子系统分类表

执 行 力		影 响 力		关 系 建 立		战 略 思 维	
成就	纪律	行动	完美	适应	包容	分析	搜集
统筹	专注	统率	自信	关联	个别	回顾	思维
信仰	责任	追求	沟通	伯乐	积极	前瞻	学习
公平	排难	竞争	取悦	体谅	交往	理念	战略
审慎				和谐			

每一项才干都描述了人们自然而然的思维、感受和行为模式。例如，如果一个人的"成就"才干排序靠前，那么他就会干劲十足，能主动完成任务；如果一个人"交往"才干靠前，那么他就会喜欢人际间的亲密关系。但是盖洛普优势语言跟汉语语义并不完全一致，比如"完美""追求"的含义就跟汉语解释有出入，因此，需要认真研读优势报告，才能更好地理解自己 34 项才干的含义以及排序的意义。如果有条件，建议邀请专业的优势教练进行一对一教练，这个过程能让当事人通过优势语言更清晰地了解到自身才干优势，并学会如何将这些才干转化为优势成果。

拓展资源：盖洛普优势测评（https://store.gallup.com）

- VIA 品格优势测评

VIA 品格优势测评由积极心理学家塞利格曼等人精心设计和研发，这一模型可以帮助个人寻找自己的优势品格即卓越表现中的积极人格特质，以寻求自我发展路径。它被广泛应用于心理咨询领域，帮助个体实现情感和行为上的转变。

VIA 品格优势测评涉及 24 种力量，6 类美德。具体为智慧与知识（创造性、好奇、决断力、热爱学习、洞察力）；勇气（勇敢、诚实、毅力、热心）；人道主义（友善、爱、社交能力）；公正（公平、领导、团队合作）；节制（宽恕、谦卑、谨慎、自律）；卓越（追求美与卓越、感激、希望、幽默、灵性），见表 5-2。

表 5-2　VIA 品格优势

智慧与知识	勇　气	人道主义	公　正	节　制	卓　越
创造性	勇敢	友善	公平	宽恕	追求美与卓越
好奇	诚实	爱	领导	谦卑	感激
决断力	毅力	社交能力	团队合作	谨慎	希望
热爱学习	热心			自律	幽默
洞察力					灵性

例如，"勇敢"排名靠前的人趋于"直面挑战、威胁或困难，重视一个目标或信念，并为它采取行动，不管它是否受欢迎。直面恐惧，而不是逃避恐惧"。而"友善"排名靠前的人趋于"对别人好、慷慨，付出时间、金钱和才能来支持那些需要帮助的人，富有同情心，专注地倾听他们的痛苦，或者只是

坐在他们身边，默默地支持他们，深切关怀他人福祉，关心他人的行为，喜欢帮助他们，照顾他们，做好事"。

目前可以通过 VIA 品格测评的官方网站（https://www.viacharacter.org/）进行测验。同时，清华大学积极心理学研究中心，结合中国文化的传统特点，对 VIA 品格测评进行了改编，可以通过网址（https://www.wjx.cn/m/55689843.aspx）进行测验。

- 多元智能测评

除了盖洛普优势测评、VIA 品格优势测评，常用的识别天赋优势的工具还有多元智能测评，这一测评在中学生群体中得到了较为广泛的应用。

多元智能理论是美国心理学家、教育学家加德纳提出的一种全新的智能分类理论。区别于传统狭隘、单一、片面的智能定义，多元智能理论以一种更宽广的视角对智能进行了定义，它认为人类的思维和认识方式是多元的，智力不是简单评估一种能力的维度，而是评估一组能够应对问题、解决问题以及创造产品的能力的维度。

因此，多元智能理论将人的智能分为言语语言智能、数理逻辑智能、视觉空间智能、音乐韵律智能、身体运动智能、人际沟通智能、自我认识智能、自然观察智能，如图 5-1所示。

目前加德纳的多元智能理论主要应用于教育、职业规划和评估场景，其综合智能的理论构想有助于求职者发现自己的优势智能，从而以发展、综合的眼光评估自己的竞争优势。

而多元智能发展测评系统（MIDAS）是发展心理学家布莱顿·希顿基于多元智能理论开发的一种评估个体智能表现、职业发展的测评工具，通过帮助个体探索识别自身八项智能中的优势智能，进而进行生涯规划与建构。

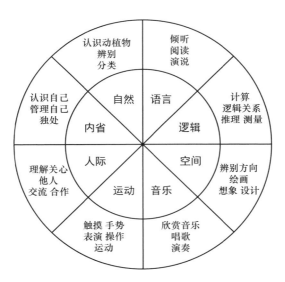

图 5-1　多元智能理论

当一个人在自己的才干优势上不断钻研、不断付出努力时，它就会产生乘数效应，发挥最大的功效。我国著名外交翻译官张京，正是一个认识自身才干优势并充分发挥的例子。

生涯人物：张京

张京，女，浙江杭州人，2007 年从外交学院毕业后被外交部录用，任外交部翻译司高级翻译。

小学时期的张京便对英语产生了浓厚的兴趣，在父母的引导下，她除了在课堂上认真完成作业外，还注重课外的英语训练，到了初中，她开始萌生出成为一名外交官的想法，于是便认真学习，顺利考入了杭州外国语学校。

为了成为一名外交官，在高中时期，张京一方面利用学校的外教资源，锻炼自己的口语水平；另一方面为自己的梦想院校努力学习，各科成绩名列前茅。

高考结束后，她没有选择顶尖名校的保送名额，而是填报了外交学院。在大学期间，张京除了持续在专业上深耕外，还积极参与英语辩论赛，先后获得第十届"外研社杯"全国英语辩论赛冠军，第十届"21世纪杯"全国英语演讲比赛亚军。毕业时，她凭借过硬的专业素养，在外交部严格的招聘选拔中脱颖而出，获得了进入外交部从事翻译工作的机会。

成为外交官后，张京并没有松懈，进入外交翻译室的前四个月，除了每天进行常规训练之外，晚上她还会进行3个小时的"加练"。

机会总是垂青那些有天赋又格外努力的人。在若干个各国高层战略对话场合，张京以沉稳大气、过硬的专业能力赢得了赞扬。

2. 知识优势

知识优势是指基于才干优势，个体所积累的系统知识，通常与专业学习密切相关。中学阶段学习的是基础学科知识，进入职业教育或大学教育阶段才开始在某一个专业领域深入、系统地学习。毫无疑问，随着社会经济进入高质量发展阶段，大量职业要求拥有高等教育背景且具备系统专业知识的从业者。例如，一个具有沟通优势的个体想要成为一名专业的心理咨询师，除了要练就过硬的咨询技能外，还需要具备专业的学历背景。

在大数据应用越来越便捷的信息化时代，各类公开课程资源唾手可得，例如中国大学 MOOC 网站、国家高等教育智慧教育平台、超星尔雅通识教育等，甚至许多社交平台上也有不少知识类博主分享学习资源和经验。也就是说，只要个体愿意学习，获取知识并没有太高壁垒。《纳瓦尔宝典》的作者——埃里克·乔根森认为个体只需要 9 个月就能完成一个领域专业知识的初步积累。

3. 技能优势

优势在职场中的表现，主要体现为工作技能，即是否具备能够胜任工作的能力，通常是才干优势和知识优势的一种行为展现。按照这个逻辑，技能优势可以划分为：塔基——个人优势，塔腰——竞争优势，塔尖——核心竞争力，如图 5-2 所示。

图 5-2　技能优势的金字塔模型

个人优势。按照优势理论，每个人都有自己的优势，用
一个木桶进行比喻，每个人都有木桶的长板和短板，长板即个
人优势，短板即个人弱势。以往的木桶理论认为一个人取得的
成就是由个人弱势决定的（木桶正放，盛水量由短板决定），
但从大量的职业实践中不难发现，职业人所能取得的成就，事
实上是由其优势决定的，正如将一个盛水的木桶斜放，木桶的
长板决定了盛水的极限，如图5-3所示。

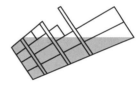

图 5-3　新木桶理论

竞争优势。竞争优势是个人优势在群体中的独特表现，
它是一种比较优势，具有一定的排他性。个人优势不一定是竞
争优势，如有的人的执行力相对于自身其他方面而言是优势，
但若将其与其他个体比较，此项能力也许不再突出，不能为他
在相关竞争中赢得机会，反之亦然。

核心竞争力。这是一种压倒性的竞争性优势，具体是指
一个人能够长期取得竞争优势的能力，是个人所特有的、具有
延展性的、他人难以模仿或在短期内难以超越的技能。若他人
想复制，需要投入大量的时间、精力和金钱去不断学习和实
践，在短时间内，难以超越。

心理咨询就是一个专业门槛很高的技能，通常一个心理

学专业咨询方向的大学生，从刚开始学习到成为实习咨询师，短则几年长则十几年。在执业过程中，他还要定期接受专业督导，不间断学习提升，投资自我内在成长，时间及经费投入可谓相当之大。这样的培养模式让很多人望而却步，自然而然便形成了竞争壁垒。

技能是职业人在充满竞争的现代社会安身立命、进行职业发展的基础，当发现、确定了个人优势后，需要持续不断地在优势方向上练就过硬技能，不断精进长板，使个人优势发展为竞争优势直至核心竞争力。

如今的职场，人工智能越来越普及，人们的工作可能被人工智能替代，因此职场人及准职业人都应该打磨、升级技能优势，打造核心竞争力。

在大多数情况下，技能优势和知识优势的培养几乎是在同一时段进行的，但俗话说"知易行难"，从知道到做到还需反复实践。

在今天这个强强联合的时代，我们更强调用长板与其他长板对接，共拼一只新木桶，因此发展自身优势很重要，发挥协作性实现优势互补同样重要。

4. 资源优势

资源优势是个更宽泛的概念，在个体外部能够给他们的生涯发展带来助力的都可以认为是资源优势。一般来说，其包括家庭资源、学校资源、专业资源、行业资源、地域资源、社会资源等。在中国，行业发展受政策影响非常大。因此，我们在进入一个行业工作之前，对以上资源做出详细梳理是非常有必要的。

中国社会非常重视"家"文化，特别强调和睦家庭、孝顺父母等价值观，因此在家庭成员进行求职就业及职业发展时，家庭资源几乎会"毫无保留"地向个体倾注，一方面，父母或其他长辈会主动关心晚辈的发展，为他们提供力所能及的指导和帮助；另一方面，个体在进行职业选择时也会重视长辈的建议和要求。

同时，高校按照其办学特色、办学模式和发展方向等分类，主要包括研究型大学、应用型大学、行业型大学、综合型大学等。不同类型高校的学科专业特色、人才培养定位、就业市场卡位等都不尽相同。例如，同设药学专业的医科大学与综合类大学，它们在行业背景、资源集聚能力、毕业生就业细分市场等方面都有差异，也就是说，高校毕业生的就业状况会受到学校资源的影响。

此外，我国产业行业的布局在地域上并非平均分布，而是综合考虑地理位置、气候条件、传统积淀、产业链聚集等因素后的整体规划，见表 5-3。在职业规划中通过了解和比较行业岗位的就业区域、人才需求量以及发展前景，选择人才需求量大且具有良好发展前景的岗位，精准对接市场需求，才能获得更多的就业机会，为职业发展打下坚实的基础。

表 5-3　我国各区域行业布局

经 济 圈	重 点 行 业
京津冀地区	科技创新行业、绿色发展行业、公共服务行业等
长三角地区	数字经济行业、科技创新行业、金融投资行业、外贸行业等

（续）

经 济 圈	重 点 行 业
成渝地区	新型工业行业、创新装备制造业、数字经济行业、绿色发展行业、科技创新行业等
大湾区地区	外贸行业、金融行业、科技创新行业、交通行业、数字经济行业、新型制造业等
珠三角地区	智能制造业、新能源行业、电子信息行业、未来生命健康行业、新材料行业等

在大学生职业规划大赛中，有些学生基于家庭和地域资源特色进行自身职业规划，如，广东地区的学生学习种植技术发展家乡的橘红产业，云南地区学生依托当地发达的旅游业从事非遗文创产品设计，江西省新材料专业的大学生借助本地发达的陶瓷产业研发环保新材料等。

总体而言，在"不确定"时代，个体不仅需要对内在优势进行探索，在此基础上深入发展才干优势、知识优势和技能优势，还需要了解存在于外部的资源优势，从而更加科学有效地进行职业生涯规划和建构。

二、通过活动发现你的优势

本书在介绍了优势的分类与识别后，接下来进一步指导和帮助个体应用典型活动发现优势。

活动 1：巅峰时刻

第一步，回顾成长故事，提炼才干、知识与技能优势

"巅峰时刻"不用是特别闪耀的大事件，可以是来源于你成长过程的一个个小小的闪光点。它们不需要与工作或职业直接有关，关键在于展现你如何运用优势来实现某一目标，需要满足自我感觉好、他人评价好、客观结果好三个要求。接下来，你可以根据以下步骤来寻找成长故事，提炼你的才干、知识与技能优势。

1. 简要描写你的故事背景（S）。

2. 回忆在这件事中你需要完成的任务是什么（T）？你想要达成的目标又是什么？

3. 描述你采取的行动（A），以及你所展现的能力与态度。

4. 尽可能用量化的方式呈现你的故事结果（R）。

案例 风景园林专业研究生小张的巅峰时刻

研究生学习期间，我在导师团队参与了 20 余项景观规划设计项目，其中 5 个设计项目已初步落地（R）。在中国嘉陵新型桑产业规划中担任小组组长（S），在半个月内我独立完成核心区设计方案，并且带领成员完成所有细节设计，同时多次携团队成员与合作单位沟通，向政府部门陈述方案，汇报项目细节（A、T），最后成功中标，这些经历夯实了我的专业技能，同时交流、沟通、团队合作及抗压能力也得以锤炼和提升，让我有信心胜任景观设计的工作（R）。

第二步，与职业语境对接

才干优势：见表 5-1。

技能优势：见表 5-4。

表 5-4 职业技能优势词汇表

耐心与人打交道	公众表达	适应力	处理人际冲突或矛盾
沟通	问题解决	决策	组织管理

（续）

数学计算	计算机能力	教学	持续学习
理解人的动机	外语能力	指导	细节导向
艺术型能力	寻求他人支持和帮助	可靠性	分析
创造力	专业技术能力	复原力	开放性
写作	团队建设	说服力	归纳推理
同理心	......		

在这一步，可以把之前总结出来的才干、技能优势的提法与人力资源语言体系进行对比、置换，转化成招聘、人才发展领域的通用语言，以期在求职时实现顺利对接。

第三步，继续运用优势

在将才干优势、技能优势与职业语境对接后，你还需要通过探索以下几个问题，来进一步发展、运用自身优势。

- 这些优势会给你的职业发展带来哪些价值？
- 你目前努力的方向是在补足你的短板，还是发挥你的长板？
- 在哪些场景/领域可以继续运用你的优势？
- 通过什么方式可以持续应用和突出这些优势？

活动2：生命线

在生涯咨询中，生命线技术是用于帮助当事人回想与分析过往的积极或消极事件对自己的影响的，通过对已经发生的故事进行叙述和回顾来寻找和分析自身优势。本书建议生命线绘制按照以下步骤来进行，如图5-4所示。

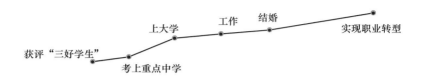

图 5-4   绘制你的生命线

1. 在白纸上绘制一条有箭头的横坐标，代表人生长度。

2. 回忆自己的生涯事件，并按照时间节点在横线上一一标注重点事件，横线上方为积极事件，横线下方为消极事件，按照离横线的远近程度来呈现事件的影响程度。

3. 当事人对每个重点事件进行完整叙说，着重叙述对事件的看法、感受以及采取的行动。

在活动过程中，可配合提问进行梳理：

- 能讲一讲你经历的这些重大生涯事件吗？

- 当时你对这件事有什么感受？这一事件给你带来了什么？

- （对于正向事件）你具备了什么能力，让你取得了这样的成绩？

- （对于负向事件）能讲讲你当时是怎么熬过来的吗？（提示：生命的低谷中也蕴含着个人优势）

- 这样的经历让你有何不同？

- 你的生涯因此有何改变？

- 你从这一事件中，获得的最宝贵的人生经验是什么？
- 现在如何看待这些事件对你的影响？
- 这些发现对你有什么意义？
- 如果不想要……那你希望成为怎样的人？

4. 再次回顾所有的生涯事件，思考这些生涯事件如何影响自己，并试着说出你期待未来的生命线如何发展？

动态生命线绘制是将生命线技术与成就事件技术相结合，引导当事人发现事件中的关联以及体现出的个体品质与优势。

活动 3：梳理你的知识优势

作为个体优势中的重要组成部分，个体有必要对自己所具备的知识优势进行梳理，从而更清晰地了解自己具备的职业竞争力。本书建议可以依据下表回顾和总结自己的知识优势，见表 5-5。

表 5-5　知识优势总结表

名　　录	内　　容
第一学历 / 最高学历	
专科 / 本科所学专业及专业课成绩	
专科 / 本科所学第二专业及专业课成绩	
研究生所学专业及专业课成绩	
系统自学过的课程	
获得的技能 / 职业资格证书	
参加过的培训 / 获得的其他学位	
撰写过的专业文章	
承担 / 参与过的课题、项目	

活动 4：家庭职业树

个人对职业的认知最早来源于家庭成员所从事的职业，因此家庭环境对个人的职业选择有着重要的影响。家庭职业树是职业生涯规划与建构的重要方法，它不仅可以帮助人们了解自己可以利用的家庭资源，还可以帮助个人了解家庭成员对自己的职业期待。

家庭职业树绘制的具体方法如下：

第一步，与家庭成员沟通他们的职业，包括职业的具体情形、家庭中可利用的资源以及家庭成员对自己的期待，并将家庭成员的职业分别列入每个树干当中，至少写三代家庭成员，如图 5-5 所示。

图 5-5　绘制你的家庭职业树

第二步，分析家庭成员职业的共同特点，并将其绘制到树的根部。

第三步，对家庭职业树的内容进行讨论，要求用叙事的方式对家庭成员职业的特点以及对不同职业的看法进行详细描述。在描述过程中可以采用提问的方式进行，比如：

- 哪些职业对自己的影响比较大？
- 自己羡慕的职业有哪些？为什么？
- 自己讨厌的职业有哪些？为什么？
- 选择职业的过程中自己最重视的因素有哪些？
- 家人的想法对自己的职业选择有哪些影响？

第四步，自己的职业设想是什么？这一职业与家庭成员的职业选择有何异同，能满足家人的什么期待？

活动 5：院校 / 平台–专业–区域优势分析

运用表格对院校 / 平台–专业–区域资源等进行梳理、分析，见表 5-6。

表 5-6　院校 / 平台–专业–区域资源分析

专业排名	院校排名 / 工作平台所处生态位	院校办学特色 / 工作平台就业优势领域 / 区域	自我学习 情况

通过此活动，能够对个体外部的资源优势进行梳理。

综合以上步骤，可以得出个人的优势清单：

才干优势：_____

知识优势：_____

技能优势：_____

资源优势：

　　- 家庭：_____

　　- 院校（平台）：_____

　　- 专业：_____

　　- 区域：_____

其他优势：_____

　　从诸多生涯咨询案例中可以发现，当人们了解了自己所具备的优势之后，会从原来的消极、无价值感、自我怀疑、自我否定、行动困难转变为积极、自信、坚定、敢于尝试并付诸实践；从之前的形神暗淡到后来的眼里有光，这就是优势的神奇作用，见表 5-7。

表 5-7　了解优势前后变化

了解优势前	了解优势后
消极、无价值感	积极
自我怀疑、自我否定	自信、坚定
行动困难	尝试、实践

第三篇

生涯愿景、职业定位与成长规划

第六章　构建你的生涯愿景与职业定位

一、构建你的生涯愿景

　　什么是生涯愿景？愿景包括识别期望的未来场景和想象未来的所有可能性。它涉及澄清你最大的人生愿望是什么，它是一个人所设想的最理想的状态。

　　生涯愿景可能是个体设想的最理想的状态，但是如果不去设想渴望的未来，那么实现这种期望的机会将变得遥不可及。对于"未来的期望"，可能有时会不得不妥协和放弃，但为什么要一开始就妥协和放弃呢？展望未来的可能性是一项充满创造性和现实意义的活动，可以帮助人们确定目标，并激发人的能量和动力。退一步讲，即使生涯愿景不能实现，也可以退而求其次，正如古语云："取乎其上，得乎其中；取乎其中，得乎其下；取乎其下，则无所得矣。"

　　对未来生涯愿景的设想需要一些脱离现实的勇气，需要暂时不用去顾及现实的阻碍，让思维徜徉于远方，在这里我们介绍几种进行愿景构建的活动。

活动 1：人生关键词

构建未来生涯的愿景首要条件是了解自己是什么样的人，自己需要什么。"人生关键词"这个活动能够帮助你构建未来的生涯愿景。

第一步，请在下面的词语中选择对你有触动的词语，并思考其中的共同点，如果有其他触动你的词语，也可以写下来，但必须具有正面积极的含义。

独立、和平、财富、宁静、智慧、自由、自在、快乐、爱、挑战、美感、权力、同情、慷慨、真理、成长、安全感、真诚、勇敢、感恩、健康、阳光、助人、忠诚、责任、激情、专长、价值、和谐、善良、果敢、成就感……

第二步，如果你无法选择，可以采用以下的句式感受你身体的触动，假如你已经选择好了，也可以通过以下句式来识别是否是你内心的选择：

当我 ＿＿＿＿＿＿＿＿ 时，我感到身心合一。

第三步，请用你选择的关键词来设计一个你的人生宣言（不超过 25 个字），例如："我是一个独立、真诚、勇敢的人。"或"我是一个智慧、自在、有价值的人。"（注意：写下你的宣言时要设想你已经成为这样的人，而非你想要成为这样的人。）

人生关键词活动进阶版：构想出多个版本的自己。

你可以天马行空地想象，自己想成为什么样的人？甚至可以构想出多个版本的自己，探索出尽可能多的可行性。你可以不在上述表格列举的词语中选择，而应该快速记录下大脑中最初显现的词汇。

　　在写出关键词的时候，有些从头脑中迸发出的词语也许看似矛盾，但不要过早地做出评判，不要在考量可行性上过多停留，因为如果进行过多的自我审查，就会抑制自己的想法，在过去的固有思维框架中思考就无法得到新的创意。

- 这几个版本的自己都有什么共同点？
- 在建构这些版本的自己时有没有想到谁？
- 除了现在的身份外，你还可以有什么身份？
- 现在的身份中可以发展出这些新身份吗？这几重身份之间怎么转化、过渡？

活动 2：生涯榜样

　　萨维科斯提出了生涯建构理论，认为个体运用反思性的语言和人类特有的感知能力来建构自我，同时也建构了个体的主观生涯。萨维科斯通过以下问题帮助参与者构建个体生涯、寻找生涯榜样，这里也请你来回答如下问题：

　　问题 1：说说你最敬佩和最崇拜的三个人（不包括父母），他们什么地方吸引你？

　　问题 2：他们身上都分别有什么特质？

　　问题 3：这三位榜样的共同点是什么？

　　问题 4：你与这些榜样的相似点在哪里？

　　问题 5：你与这些榜样的不同点又在哪里？

　　生涯榜样不一定非得是某个著名人物或故事人物，重要的不是生涯榜样是谁，而是你对生涯榜样的描述方式，以及从中反映出的你所看重的特质，这体现了你对自我的建构。因为这些个人特质正是人们理想自我的体现，通过选取并学习这些特质，来为自己的生活困境提供解决方案，来帮助建构自我概念，从而描绘理想生涯图景。

活动 3：生涯幻游

通过生涯幻游，人们可以想象自己未来想要从事的职业及理想的生涯状态，此活动能帮助人们构建自己想要的未来图景。活动所需物料及实施步骤如下：

物料：眼罩、白纸、彩色画笔、一段高频音乐。

步骤：

1. 所在的空间，音乐起，请你戴上眼罩，手拿纸笔。

2. 随着音乐放松自己。

指导语：想象你现在在一个安静的、完全不被打扰的环境，你可以选择任何让你舒服的姿势。想象自己是一台扫描器，扫到哪里就放松到哪里，从头开始对每一个身体部位进行放松，呼吸均匀缓慢，感受你呼吸的频率。

3. 想象未来的工作和生活，同时用笔记录幻游中的触动点，并试着把关键信息画下来。

指导语：你坐着时空机来到了 10 年后，现在你多少岁？想象一下现在你自己的容貌，你有长皱纹吗，还是一直很年轻？

清晨醒来，你躺在床上，睁开眼睛，看到的天花板是什么颜色的？你下床的时候，脚趾接触到地面，请感受一下地面的温度，是暖暖的、还是凉凉的？梳洗之后，你来到衣柜前准备换衣服上班,今天你准备穿什么样的衣服?穿好衣服看镜子里的自己是什么样子?

来到餐厅吃饭,你早餐吃什么?和你一起用餐的还有谁?你们在聊些什么?

吃好饭出门,关上大门,回头看一下你的家是什么样子?

你选择什么样的交通工具去上班?

你到工作的地方了,这个地方看起来是什么样子?请仔细看看。

你跟同事们打招呼,他们都怎么称呼你?还有哪些人出现在这里?他们在做什么?

你上午的工作内容是什么?会用到哪些东西?你都见了哪些人?做了哪些事儿?

上午结束,你中午打算吃什么?跟谁一起吃?下午的工作跟上午有什么不同?你在忙些什么?

下午下班之后,你要去哪里?跟谁在一起?

你回到家,家里都有哪些人?

该上床休息了,躺在床上回忆一天的工作和生活,你想到了什么?最让你满意的地方是什么?

你渐渐进入梦乡,一分钟后我会叫醒你。

4. 慢慢睁开眼睛,摘下眼罩,完成手中的绘画。

5. 把这幅"蓝图"讲给自己或生涯咨询师听。

生涯幻游勾勒出的是未来图景的大致框架,如果有条件可以预约你的生涯咨询师,进一步探究这些图景背后的意义,以及图景中各要素之间的关联。如果沿着此方向进一步探讨,就可以一步步完成从愿景到目标的转化。

建构生涯愿景的提示与技巧

- 平时要多涉猎职场人物传记、文学影视作品，观察身边人的职业状态，搜集尽可能多的生涯愿景素材。
- 有机会的话多做一些职场体验，获取第一手职业资料。
- 不设限，大胆想象。

以上活动都是关于职业、生活、生命状态的憧憬，接下来还可以更加具体地对工作价值观进行澄清。

活动 4：职业价值观澄清

价值观是指个体按照客观事物对其自身及社会意义或重要性进行评价和选择的原则、信念和标准。职业价值观则是指个体通过职业生涯规划和建构所要获得的对其自身及社会具有重要意义的原则、信念和标准。

职业价值观需要去澄清。通过价值观澄清活动，个体能有效识别和确认自己想从职业中获取的价值。表 6-1 来自于对舒伯价值观量表的优化。

表 6-1　舒伯重要职业价值观量表（局部）

利他主义	美的追求	智力激发	成就感	独立性
声望地位	管理	经济报酬	社会交往	工作环境
安全感	同事关系	追求新意		

- **利他主义**，是指为他人福祉进行工作；
- **美的追求**，是指追求制造美并将美带给世界；
- **智力激发**，是指看重能够独立思考、了解事物怎样运行和作用；

- **成就感**，是指看重完成工作的成功感；
- **独立性**，是指看重以自己的方式去做事；
- **声望地位**，是指看重在他人眼中的形象，具备声望和地位、备受尊敬；
- **管理**，是指看重允许自己计划并给别人安排任务；
- **经济报酬**，是指看重工资和福利；
- **社会交往**，是指与他人交往，建立广泛的社会关系；
- **工作环境**，是指看重舒适、轻松、优越的工作条件和环境；
- **安全感**，是指看重工作的稳定局面，不会面临较大的竞争压力；
- **同事关系**，是指看重工作中的社交生活，与同事之间的关系等；
- **追求新意**，是指看重工作和环境的变化性。

职业价值观决定了我们会被什么样的职业吸引，会选择什么类型的职业。为了在上述几个职业价值观中分辨出真正影响你职业生涯规划的关键要素，本书建议你审视上面列出的每一个吸引力要素，思考这些要素对你而言是否重要以及为何重要，并写下你对每个要素的评价，包括要素对你的重要性以及这一要素是否可以通过其他渠道满足。举个例子，我们通常会认为经济报酬是良好生活的基础，但实际上，如果你的家庭经济状况较好，能给予你充足的物质保障，那么，在进行职业选择时，经济报酬这一职业价值就可以不作为你的首要考虑因素。

做好这些基础准备后，请你尝试以下步骤：

- 首先，从上述几个重要职业价值观中选出 8 个你比较看重的价值观；
- 其次，再从这 8 个职业价值观中选出 5 个你更为看重的价值观；
- 最后，从这 5 个价值观中选出在 3 年内你最想实现的 3 个，并按照渴望程度进行排序。

职业价值观澄清活动，能让当事人直面内心、迅速厘清思路，找到在职业发展中真正在意的是什么。

拓展： 即使不使用上述几个重要职业价值观或相关测评，个人也可以通过如下提问方式来澄清自己的职业价值观：

- 工作是什么，你为什么工作？
- 工作对你来说意味着什么？
- 好工作或者所谓有价值的工作，需要满足哪些条件？
- 在工作中你最在意的是什么？

这里需要补充说明的是某些职业价值观在一定的时代背景下可以成为一种独特的优势。例如，北京师范大学的毕业生黄文秀，她在大学毕业之际，有多种职业选择的情况下，决定到条件艰苦的偏远地区从事一线扶贫工作，这就是在职业价值观和生涯意义感上对这一职业的认同，这是一个朝向"我想成为的人"的自我建构。

事实表明，一个人一旦对某种职业有了价值观上的认同，那么即使他们暂时不具备该职业相关的知识和技能，也可以凭借强烈的认同与热爱在较短时间内快速学习，这种动力能让他们在岗位上发挥主观能动性，排除万难、矢志不渝，把工作干成事业。

在我国，青年人的择业观、就业观、劳动观都需要加以引导。经过调查得知，如果按个体的第一反应选择职业，大多数人会优先考虑高薪、舒适的工作。不是这样的选择有错误，而是诸如此类的工作机会相当有限，受经济大环境的影响，就业已然成为社会民生之首，如此庞大的就业群体如果都去追求"钱多""舒适"的工作，就会加剧就业的结构性矛盾，造成人力资源的浪费，导致薪水不高、条件艰苦、地域偏僻的工作无人问津。

在人生的不同阶段，职业价值观可能会因生涯主要角色的改变而变化。例如，一个初入职场的、需要自力更生的年轻人可能更看重职业的物质保障及个人发展。但当他到了需要平衡家庭和事业的生涯阶段，就可能变得更在意职业是否会占用过多的私人时间。或是人到中年，他已经触及职场天花板，或因孩子上大学，有了大量空余时间，那么他转换赛道，转而追求"为自己活一次"的更具意义感的事业也不足为奇。

如果细心观察，不难发现即使有的个体在看似冲突的各种生涯角色中切换，但他们仍然在进行自我同一性的建构，始终在朝着"我想成为的人"的方向前进。

生涯人物：柳智宇

柳智宇，男，出生于湖北省武汉市，曾以满分成绩获得国际奥林匹克数学竞赛金牌，高中毕业后，他被保送到北京大学数学系就读，大学毕业前，他便顺利获得了美国麻省理工学院的全额奖学金，可是这样一个对许多人而言千载难逢的机会，柳智宇却弃如敝屣，选择到北京西山脚下的龙泉寺成为一名出家法师。

其间，柳智宇开始接触心理学，并逐步开始尝试将心理咨询与佛学相结合。2018年年底，柳智宇离开寺庙，以一名僧人的身份回归社会，由于僧人的身份和商业之间的冲突，柳智宇希望通过心理咨询帮助更多有需要的人的愿景落空，在咨询多方意见后，2022年他宣布还俗，同年5月，他来到了一家心理咨询专门机构任职。

从数学系的天之骄子到一名出家法师，再到一位心理咨询从业者，柳智宇的职业选择似乎令人匪夷所思，但事实上都是他在不同阶段的价值观的反映，这些看似割裂的选择，也都是他朝着那个他"想成为的人"不断地建构和努力的结果。

如果个体受自身能力和现有条件所限，无法在同一个阶段实现全部职业价值观，那么也可分步实现。如一个年轻人大学毕业时，想到大城市闯荡以满足"追求新意"的价值，到成家立业的年龄，他同样可以选择"稳定"作为他下一个人生阶段的主旋律。

价值观反映时代特点，具有很强的代际差异和时代特色。一项研究表明，当下的00后大学生，首先考虑的工作价值是个人实现的发展性要素，其次是集体性的发展性要素，而非个体保障性要素（如工作收入等）。尽管这项调查的范围较小，并不能完全反映当代00后的工作价值观，然而，可以从中看出的是，随着国家经济实力的提高和社会环境的改善，相比较物质收入，00后更看重精神层面的满足和个人抱负的实现。

二、确定你的职业目标与定位

通过建构理想生涯愿景，构想理想生活，可以澄清人们的价值观，为职业定位和职业目标的确定打好基础。接下来本书将介绍几种简单实用的方法，帮助求职者进行职业目标的确定。

1. 五点职业定位法

五点职业定位法是指通过确定意向行业、岗位、组织、工作地域以及工作方式来筛选职业的方法。

行业、组织（企业）、岗位这三点是职业定位的核心，通常跟大学所学习的专业有密切关系，高质量就业的重要指标之一就是专业吻合度。我国高校所设置的专业，有的行业属性非常显著，如车辆工程、汉语言文学（师范）、土木工程、农学等，有的则直接对应着岗位，没有太多行业属性，如会计、人力资源管理、行政管理等。狭义的专业对口指的是行业、组织（企业）、岗位三点均吻合，如图6-1所示。例如车辆工程专业的毕业生到车企从事生产或研发类工作。广义的专业对口是指行业、组织（企业）、岗位三者中有1～2个对口，如生物技术专业的毕业生到生物制药企业从事职能类工作。

人们不可能完全从事专业对口的工作，主要因为：一是专业培养具有周期性，从开始专业学习到毕业求职这中间有短

则 3 年长则 10 年的培养周期,社会行业瞬息万变,个体无法
100% 依照原计划发展。二是很多学生在当初填报专业志愿
时由于信息不对称存在错选、误选等情况,在学习中渐渐发
现并不喜欢当初自己选择的专业并试图转行。三是人才培养
质量不能满足用人单位的任职要求,导致即使专业对口也无
法对口就业。

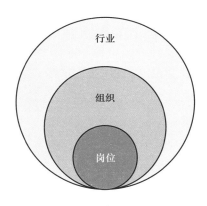

图 6-1 专业对口就业

因此,个体在进行职业定位时,应该根据自身实际情况
在行业、组织(企业)、岗位三点上进行灵活调适。

(1)行业

依据生产的上游、中游、下游,可以将行业分为以下
几类,见表 6-2。行业与专业密切相关,要进入某一行业,
通常需要专业背景,如医疗保健行业需要医药相关专业的
毕业生,再如三甲医院医生的学历要求一般是研究生及其
以上学历。

表 6-2　行业分类

上游能源	中游材料与工业	下游商业与消费	服务与支撑
化工	材料	建筑建材与房地产	公共事务
	电力设备	汽车及零部件	金融服务业
	机械军工	商贸服务	物流系统
能源	化工	医疗保健	媒体与信息服务业
	农林造纸	批发零售	旅游酒店
		纺织家具	

　　个体保持对行业的最新认知非常重要。以房地产行业为例，伴随着城镇化进程的加快，住房需求巨大，20世纪初，房地产行业迅速扩张，其中的佼佼者成了全国知名的地产商，建材、建筑、装修等地产上下游企业都享受了巨大的时代红利。然而纵观全球发达国家的发展历程不难发现，当城市化率、人均住宅面积达到一定程度后，房地产和相关产业高速发展的时代就到头了。2019年，我国城镇化率已超过60%，房地产行业增速明显放缓，随后的几年房地产行业逐渐开始走下坡路。如果在20年前进入房地产行业可能还能赶上一波红利，但如果3年前还在进入该行业，就并非一个很好的选择。

　　如果求职者不能搞清楚某一个行业究竟是做什么的，行业所处的阶段，不了解自身的处境，常常会处于被动的境地。我在给某所高职院校的传统能源专业的学生上完就业指导课后，一位男生向我请教，他们班的学生90%以上求职时都转了行，而自己的学习成绩不错，对本专业有一定兴趣，如果放弃专业觉得很可惜，但如果坚持，要想找到专业对口的工作很

困难，问我该怎么办？如果你是职业规划师，会如何解答他的
困惑呢？

要回答这个问题，需要从如下几个方面进行信息的搜集
与分析：

● 即将进入的行业是做什么的，有哪些岗位？能满足人们的
哪些需求？

个体可以通过绘制专业就业"逻辑树"，如图 6-2 所示，
对自己可能会去到的行业及岗位进行全面、清晰的梳理。

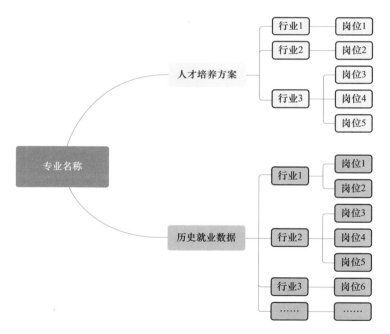

图 6-2　专业就业"逻辑树"

对这些行业是做什么的，有什么价值，能满足哪些人群的哪些需求进行详细说明。

- 该行业的发展历程是什么，现在处于哪个发展阶段？

当今这个极速变化的世界，没有哪个行业是一成不变的，行业的发展有自己的规律，行业的生命周期是指行业从出现到完全消亡所经历的过程，主要包括四个发展阶段：幼稚期、成长期、成熟期、衰退期。

去梳理你即将进入的行业的发展历程，明确它所处的发展阶段，是朝阳产业、成熟产业，还是夕阳产业？未来五年会更有发展前景还是会一步步走向衰落？它的发展趋势将是怎样的？要知道即使是非常有前景的行业，若过早进入常常会因为时机不成熟而失败，过晚进入则又容易错失良机。因此，通过行业分析，把握进入时机是非常明智的做法。

- 你所进入的行业有竞争壁垒吗？是蓝海，还是红海？

如果缺乏竞争壁垒，往往会变成大家蜂拥而上，比如短视频、微商、共享单车等，正是因为缺乏技术硬壁垒，竞争日趋激烈化，利润空间逐渐缩小，很多时候靠走量才能生存。稍加分析不难发现，传统领域往往有现存的竞争者，个体面临的是白热化的竞争，非常不容易成功，获取很高成长性的可能性也比较小，新兴产业和未来产业则是新开拓的领域，竞争与机遇同在，个人的成长性也会比较好。因此，国家倡导大学专业设置、人才培养、求职就业要对接国家战略，只有如此，才能优化人才配置，促进劳动者高质量充分就业。

当做完上述分析，相信人们在做职业定位时关于行业的选择将十分清晰和明确。

（2）岗位

国际劳工组织的《国际标准职业分类（2008）》将职业分为了管理者、专业人员、技术和辅助专业人员、办事人员、服务与销售人员、农业林业和渔业技工、工艺与相关行业工、工厂机械操作与装配工、初级专业以及武装军人等类别。而我国《国际职业分类大典》则根据从业人口本人所从事工作性质的同一性进行分类，将全部职业分为八个大类：①党的机关、国家机关、群众团体和社会组织、企事业单位负责人；②专业技术人员；③办事人员和有关人员；④社会生产服务和生活服务人员；⑤农、林、牧、渔业生产及辅助人员；⑥生产制造及有关人员；⑦军队人员；⑧不便分类的其他从业人员。

结合表 6-2 可以发现，行业与岗位既有交叉，也有区分，例如一个国家机关、党群组织、企业、事业单位负责人可能从事上游能源行业，也有可能从事下游商业与消费行业，而军人大部分都属于公共事务行业。

企业是创造社会财富的主体，按照企业经营各环节的分工，企业岗位大体可以分为：产品研发、生产服务、市场营销、通用职能（含行政、财务、人力资源、法务、公关等），求职者要根据自身的才干、知识、技能及外部资源优势选择其中的 1 ～ 2 个类别作为自己的求职目标，如图 6-3 所示。

（3）组织

组织是在一定环境中，为实现某种共同目标，按照一定的结构形式、活动规律结合起来的，具有特定功能的开放系

统。根据组织的性质不同，具体可以区分为三种类型，即国家
机关、事业单位、企业。

图 6-3　企业岗位分类

　　其中，企业是社会财富创造的主体，每年吸纳 70% 以上
的高校毕业生就业，一般而言，尽职调查至少包含以下项目[⊖]：

- 企业的历史沿革：股权变动情况，重大历史事件等。
- 企业的产品与技术：公司业务情况、技术来源。
- 发展规划：企业近期、中期的发展规划和长期发展战略，
  以及可实现性。
- 高管结构：高管和技术人员的背景，优势、劣势分析。
- 财务分析：近年各项财务数据或指标情况分析。

　　组织为人才提供了生涯发展的资源和平台，然而不同类
型的组织的人才招聘要求也有差异，见表 6-3。因此，了解组
织分类以及不同组织对人才的具体要求，有利于求职者明确自
己的生涯目标和职业定位。

　　⊖　王煜全.学会洞察行业：写好分析报告的 6 堂实战课 [M]. 北京：北京联合
　　　　出版公司，2018.

表 6-3　组织分类以及人才要求

组织	分类	特　点	人　才　要　求
国家机关	机关	为国家服务的机关；以全社会的名义进行活动；其活动具有一定的强制性	具有中华人民共和国国籍；年龄一般为18周岁以上、35周岁以下，对于应届硕士、博士研究生（非在职人员）放宽到40周岁以下；拥护中华人民共和国宪法，拥护中国共产党领导和社会主义制度；具有良好的政治素质和道德品行；具有正常履行职责的身体条件和心理素质；具有符合职位要求的工作能力；具有大学专科及以上文化程度；具备中央公务员主管部门规定的拟任职位所要求的其他资格条件
事业单位	社会组织	目标确定；成员数量固定；组织结构制度化；行动规划的普遍化；系统开放	具有中华人民共和国国籍，拥护中华人民共和国宪法，拥护中国共产党领导和社会主义制度，在思想上政治上行动上同以习近平同志为核心的党中央保持高度一致；品行端正，遵纪守法。符合岗位要求，具备与拟聘用岗位相适应的素质和能力。岗位所要求的专业均为应聘人员获得的最高学历所对应专业。年龄在40周岁以下。其中，博士研究生或具有中级职称的，年龄可放宽至45周岁以下；具有副高级及以上职称的，年龄可放宽至50周岁以下。具备正常履行职责的身体条件和心理素质。符合其他相关法规政策条件
	非盈利组织	非盈利；民间性；自治性；互动性	认同公益行业的理念及组织的愿景、使命；保持对公益领域事业的兴趣与热情；乐于接受各类工作环境中的挑战，具有正向的思维和积极向上的态度；具有团队协作能力。符合岗位要求，具备与拟聘用岗位相适应的素质和能力

（续）

组织	分类	特　点	人才要求
企业	央企、国企	国家的物质和政治基础；国民经济的重要支柱；国家未来发展的力量；承担国家稳就业的社会责任	央企和国企招聘一般会对年龄、学历、毕业时间和专业做出要求。另外央企和国企分社会招聘和校园招聘。校招有春招和秋招，主要是针对高校应届毕业生开展招聘工作，所以对于毕业时间有相关要求。社招更加看重工作经验，如果有相关的工作经验，央企和国企的招聘要求会做出适当调整，从而实现人岗匹配；对政治素养也有具体要求
	民营企业	机制灵活；竞争力差异较大	招聘要求差异较大
	外资企业	竞争力差异较大；灵活办公	招聘要求差异较大；对语言能力有特殊要求
	合资企业	竞争力差异较大；灵活办公	招聘要求差异较大；对语言能力有特殊要求

以国内的民营头部企业为例，他们的校园招聘和社会招聘具有很大差异，校园招聘一般针对特定高校的应届生，通常分为简历筛选、笔试以及多轮面试等综合性考察；社会招聘一般要求本科及以上学历，对综合素质的要求较高，需要求职者能够具备解决具体问题的能力。

不同组织根据自身特点对人才的要求各异，尤其是民营企业、外资企业、合资企业等，其招聘标准受企业生态位的影响较大，求职者应当结合企业的生态位进行具体分析。

（4）地域

中国幅员辽阔，不同地区的就业机会存在很大差异，前文已经依据国家产业规划分析了不同区域的产业分布，可以发现不同地域由于工业基础、地理环境、社会政策的影响产业优势不尽相同，那么，求职者应该结合所学专业，综合考虑地方产业优势、社会关系、人脉资源等因素，进行工作地域选定。因此，在"地域"这个点上的规划，需建立在充分了解重点地域发展政策以及就业情况的基础上。

现在国家正全面实施乡村振兴战略，鼓励广大青年返乡就业、创业、兴业，加快发展乡村产业，壮大县域经济，这是在另一个层面上的地域引导，目前在场地设施、优惠贷款、税收减免、项目扶持、培训指导等一系列政策措施的鼓励和支持下，有越来越多青年下沉基层、返回家乡为乡村振兴注入青春"活水"。

（5）工作方式

数字技术带来的最显著的变化是强个体的出现和人才更趋于流动，这意味着传统的雇用关系有可能消失。如今，人才跨界流动已是大势所趋，人才在不同组织和行业中流动，传统意义上的"企业忠诚"不再被过度强调，个体和组织之间的关系发生了根本性变化，由个体服从组织转变到个体与组织共生。

也就是说，传统的工作方式与如今的组织和个体之间的模式并不能完全适配，需要求职者不仅考虑传统的、有保障的全职工作，也可以去尝试兼职工作、短期合同工作及自主创业等灵活就业，总之要因地因时地对工作方式进行选择和调整。以下的两个案例或许能为大家提供些许启发。

案例 1　兼职—全职工作的过渡期

在还未找到全职工作时，可以接受无薪或低工资，到愿意接收你的单位实习或兼职。一方面，通过兼职工作进行职业体验，了解行业，培养工作技能；另一方面，也可将此作为寻找全职工作的过渡期、缓冲期，缓解求职者的经济压力或技能焦虑。在我的生涯咨询案例中，不少客户就是通过兼职岗位切入，进而获得全职工作机会的。

再者，相对全职工作而言，兼职工作能争取到更多自主时间。有人在面临生涯多任务冲突时，会主动选择兼职工作，以便在完成主角色任务的同时平衡生活、增加收入。最为常见的是很多宝妈在孩子年幼时，暂时退出职场，把主要时间和精力倾注在对下一代的抚育上，同时，抽取育儿空当居家从事网络电商、新媒体运营等兼职工作。

案例 2　项目制工作

在一次职业生涯咨询中，一位来访者描述到她最向往的工作方式是项目制。这是一种跨组织的较为灵活的工作方式。个体在一个项目存续期间跟合作伙伴组建项目团队，团队成员并肩作战、各司其职，共同实现工作目标。一个项目结束后，个人再根据各方情况，选择是否继续到另一个新项目中去工作。项目与项目的内容既有联系也有区别，项目与项目之间的时间间隔不定、团队成员不定，但是每经历一个项目都能实现一次个人成长——能力、口碑、价值都有所提升。

说实话，她对自己生涯愿景的描述让我都很心动，也许对于年轻的她来说一时半会儿还无法全部实现，但是有了这个美好的设想，就有了努力的方向。

2. 求职目标的确定

在进行了五点职业定位后，求职者需要进一步确定具体的职业目标，确定职业目标不仅需要依据自身优势，而且要特别重视对社会需求的分析与体验。确定职业目标不是确定唯一的"最合适"的目标，而是帮助个体了解所有具备可行性的目标范围。

基于优势的职业规划与建构，不建议在这个阶段就做职业决策，没有经过充分实践的过早"筛选"只会限制个人发展，依据过早选择出的目标去求职更无异于刻舟求剑。

（1）最高目标——理想状态

在确定求职目标时，要确立一个最高目标，我们把它称为最理想职业。理想未必能够实现，但是远大目标能帮助个体明确职业生涯规划与建构的方向，能激发个体的动力、潜能，调动起才干、知识和技能优势去创造"奇迹"。

（2）保底目标——底线思维

职场充满了不确定性，这些不确定性使得理想职业之路上充斥着挑战与风险。与此同时，个体在对自我优势进行梳理时也可能存在"过度自信""脱离实际"的问题，因此，除了要确立最高目标——最理想职业外，更有必要确立保底目标。

问问自己"可能出现的最糟糕情况是什么？""如果那样，能接受吗？"这样做可以帮助人们厘清哪些价值是自己无法放弃、必须坚持的，哪些又是可以调整与接受的；帮助人们在认清底线的同时保持一定的心理弹性和生涯灵活度，以更加开放的眼光看待自己的职业目标，以更灵活的方式进行职业生涯规划与建构。

（3）居中目标——可以选择

在最高目标与保底目标之间的其他目标均可称为居中目标，居中目标往往是个体整个生涯规划与建构中最为丰富的部分。居中目标能够满足个体的部分期待，其未能满足的部分也能被个体所接受。

居中目标的数量由保底目标与最高目标的距离决定，这两者的差距越大，居中目标的范围就越广，反之则越窄。求职者在进行五点定位时，应在每个点位上至少有两个以上的考虑，要尽可能细致地思考每种可能性，以此拓展居中目标的数量。

3. 策略方案集

在初步确定了职业目标后，求职者可以使用策略方案集来进一步梳理行动方案。这一工具通过在行业、组织（企业）、岗位、地域四个点位上搜集真实、落地的信息帮助求职者打开思路，增加职业可能性，启发希望感，从而倒逼求职行动。

比如，大学低年级的学生对职场了解不够深入，缺乏职业体验和社会经验，就没有必要过早确定唯一的精准职业目标，而应当建构一个广阔的生涯愿景，作为努力的方向，不断积累优势，训练心性，待到求职时结合当时当地的外部环境和机遇，伺机而动，获得工作并终身学习。

其实，在不确定性中，人们并不是在做一个绝对理性的决策，而是在众多可能性中找到某个切入点，从而有效开启职业生涯。

五点职业定位法，帮助求职者从行业、岗位、组织、地域、工作方式五个方面解析职场，而策略方案集则更加深入、细致，它要求求职者在充分调研的基础上，在行业、组织（企业）、岗位、地域这四个点位上考虑两个以上的可能选项。

三、构想你的职业发展路径

1. 构想职业发展路径

在"不确定"时代，组织变动频繁，留在一家公司并按传统方式"步步高升"的想法也许不再适用。如今，企业的变化速度十分迅速，因此，员工的危机感增强、忠诚度下降，从前以员工忠诚度来赢得职业发展的思路在"不确定"时代已经不适用，现在的人才市场是一个双向选择的市场，雇员以个人价值进行市场交换，选择适合自己的、有职业前景的行业和岗位是无可厚非的。

个体应当试图构建跨越单一组织的职业发展路径，而不仅仅是按照某个组织给员工的规划进行职业发展。职业人需要把重点放在学习和提高自己的职业技能优势上。当一份工作为个人赚取的物质或精神收益达到了极限时，就可以去寻找其他更合适的机会了。

个体的自主职业发展路径大致如图 6-4 所示，横坐标代表职业人的年龄，纵坐标代表职业等级，图中的直线表示职业人在单个组织内的职业发展，曲线表示职业人在多个组织间的职业发展。一般而言，在理想状态下，职业人在 20 岁左右进入组织（企业）成为基层员工，30 岁左右晋级中层管理或中层技术职位，在 40 岁左右担任高层职位。

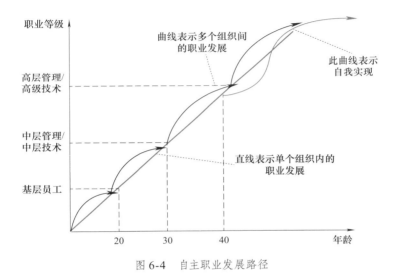

图 6-4　自主职业发展路径

　　但是，由于"不确定"时代的组织变动性，如今的职业人通常难以在单个组织内实现顺利的职业发展，而需要在多个组织间进行职业转换。很多时候，40 岁左右经验丰富的职业人还会在自身综合优势的加持下进行职业转型，追求更多的自我实现。

案例　小微企业员工的职业发展

　　小 C 任职于小微企业行政部门，该部门仅有三名员工，职能分工很不明确，她的工作几乎涵盖了行政、招聘、财务、培训、前台等内容。自行政经理离职后，小 C 与另一个同事产生了较大的情绪波动，她们时常在一起探讨，部门经理的离职表明了此公司没有职业发展空间，即使将来升任经理，工作内容还是繁杂不堪，个人能力也不会有太大提升，仿佛一眼能望到头，因此她决定去做职业咨询。

咨询师建议小C要有自主职业生涯构建的意识，要深入分析自身优势，在目前的工作内容中选择1～2个业务板块深耕，如招聘或供应链采购，系统学习该业务板块的专业知识和技能；访谈3个左右的资深专业人士，了解高一级平台的招聘标准和任职要求，同时在现有工作中用高标准严格要求自己，直至达到行业中大型企业员工的平均工作能力与水平，然后在合适的时机寻求更好的职业发展。

构建自主职业生涯，要求个体以更开放的思维，更灵活的行动，关注企业乃至整个行业的发展与变化，而非仅仅局限于组织（企业）内部的升迁。

2. 设想生涯发展模式

随着知识经济全球化，技术革新加剧，以及工作价值观和劳动力市场的快速发展与变化，个体职业生涯发展与组织职业生涯管理所依托的背景也发生巨大变化，深刻地影响着个体和组织对职业生涯管理的基本态度。具体表现在：组织赖以发展的市场环境变得难以预测，传统长期稳定的雇佣关系逐步瓦解，灵活、短期化的雇佣关系日渐流行，组织结构从传统科层体制向更扁平化、虚拟化、平台化、灵活化的方向发展，现在组织更多的是提供资源、支持和帮助，而员工价值的界定更取决于角色责任以及共识目标的完成，员工也开始放弃从一而终的传统组织信仰，将职业更多地与个人价值实现联系起来。

也就是说，组织形式的改变导致了生涯形式的改变，过去熟悉的传统生涯发展路径正在消失，多元生涯类型的时代已经来临。

（1）工作－生活平衡生涯

随着社会经济的发展，人民生活水平不断提高，人们不再为物质资源的缺乏而发愁，而是转向对精神生活的追求。我们看到很多人从传统的对于职位、薪水等客观条件的追求转向对主观幸福感的获得。

过去很多员工愿意把职业作为个人认同的核心，而忽视了家庭生活和其他方面，但是今天更多职业人对于自我有着非常明确的认知，对于生活有着清晰的追求和目标。他们已经认识到职业不是生涯的唯一角色，不会把生活和工作混为一谈。人们对工作的非职业因素也非常重视，希望有时间照顾家庭、有时间进行自主学习和自我提升，或有时间与空间做自己喜欢的事来满足个人需求，提高个人生涯幸福度。

新生代员工的职业观包括：关注工作和生活的平衡，关注身心健康与幸福体验，有利于更长远与持久的发展；要工作也要快乐，要独立也要团队，要责任也要自由，奋斗与幸福并不矛盾，只是要改变奋斗的方式。

（2）无边界生涯

传统的组织结构多为金字塔型，是一种正式的科层发展职业生涯，它有着相对稳定的结构和边界，这种组织结构下的职业生涯路径是单一性的、可预见的方向。员工在一个组织中进行职业生涯发展，不会或很少在不同组织中流动，职业生涯发展相对稳定。

现在在单一组织中，垂直向上流动的传统职业生涯正在被相对不可预测和没有规则并且频繁跨越组织边界、进行水平流动的无边界职业生涯所代替。

"无边界"是指组织边界的可穿越性和可流动性，这种流动包括岗位、专业、职能、角色，甚至国别、文化等。职业生涯的无边界同时体现在物理层面和心理层面，人们不会再轻易地把自己固化在一个组织里，或者一种角色里，越来越多的人期待自由、自主和非雇佣关系，愿意去探索新领域职业的可能。那些拥有更强生涯能力的个体，可以为工作变动创造更多的机会。

（3）斜杠生涯

斜杠生涯指的是，一个人不再满足于"专一职业"的生活方式，而是追求一种拥有多重职业和身份的多元的生活方式。本书认为，斜杠不是多份职业的简单叠加，而是基于个人优势，在不同组织或场景中展开多重职业的一种生涯发展模式。实现斜杠的职业人通常具有以下特征：

- 专业特长：以个人才能为基础，成为专业人员，以卓越的一项或几项专长为职业支撑点，在组织内部或不同组织间，担任专业工作，贡献专业价值，可能会有数个雇主。如在各个不同的组织担任财务人员、项目设计等。

- 多重身份和多种收入来源：他们不仅仅是单一的职业者，还可能在不同的领域担任多种角色，通过兼职或业余活动实现额外收入和个人成长。如：公务员＋心理咨询师、医务工作者＋瑜伽教练等。

- 追求理想生活方式："斜杠"通过多样化的职业路径，能够更好地实现个人的生涯价值和梦想，这类人对自己的职业生涯有非常明确的规划和方向。

斜杠生涯对于那些没有从事到自己优势领域的个体来说，是一个很好的发展出路。

个体的发展往往受到能力和资源的限制，比如，虽然具备某些方面的潜力，但相应的知识、技能还未达到变现的程度，或凭此获取的收入还不足以支撑生活，那么很显然，以此作为全职工作的时机还不成熟。这时可以在进行原有工作的同时，在优势方向上积累知识技能，如考取专业资质，寻求实践机会，不遗余力地去提升自己。要相信，只要较为精准的聚焦在自己的优势领域，做事的效率和效果都会成倍增加，因为做得好，所以相应的工作机会会越来越多。直到个人优势发展成了竞争优势，就可以考虑职业转换了。所以，在一些职业转型案例中，咨询师通常建议当事人不要急于跳槽，需"从长计议"，给自己一个 2～3 年的转型准备期。

以上工作方式都是基于个人优势进行的尝试和规划，哪怕在起步阶段它很小众，并不主流，也赚取不了太多收益。但是，个人热爱并擅长，还能帮助他人解决问题、创造价值，就有坚持做下去的动力，在拥有"赚钱营生"主业的同时，尝试新的工作内容和方式，也是对职业边界的试探，说不定哪天就能为自己打开新生活的大门。

（4）网格化职业生涯

在职业生涯发展中，个体允许自己的职业生涯不连续，可以拥有更为多元化的职业发展路径选择。职业发展并不只是一直纵向向上，从技术小白做成技术大拿或从基层员工走向高级管理。举例来说，一个销售人员传统的职业发展路径是：销售——销售组长——销售经理——销售总监。但是现在他们可以横向跨界、平行转换或向下移动：一线销售可以通过迅速反馈客户建议参与产品设计。在生涯咨询案例中，有不少资深销售高管从原组织剥离出来，完成职业转型或自主创业。很多时候这样的情况看似是放弃或倒退，实则是自我实现层面上的追求与进步。

如今对于每个职业选择，关键并不是"事实是什么"，而是"个体认为是什么"，只要个体体会到工作的意义，那么就是值得的，这是一个产生意义的积极过程。"意义创造"已成为生涯发展的关键词，个体是生涯的所有者和创作者，需要进行自我生命设计。

个体在用五点职业定位法进行职业规划时，可以在多元生涯发展模式中，设想自己理想的工作方式以及过渡性工作方式，以加强对于职业的理解与认知。

3. 进行可行性研讨

个人通过以上步骤拟定职业目标后，如果有条件应该继续寻求职业生涯咨询师或就业专家的意见。专家可以凭借他们在这个领域广阔的视野、丰富的经验、众多的案例来帮助咨询者答疑解惑。但也不要因为一个专家的不同意见，就对自己的职业规划全盘否定，关键是要认真倾听他们赞同或质疑的理由。最好是连续请教不同年龄层、不同领域，甚至不同性格的专家，让他们给你的规划提出一些建设性的意见，通过这个过程，个人看待问题的视角就会更完善，确定的计划就会更有可行性。要知道，职业定位是个动态过程，保持开放度，不断收集信息、整合信息，才能持续优化自己的职业规划，如图 6-5 所示。

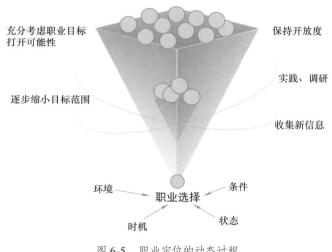

充分考虑职业目标
打开可能性

保持开放度

实践、调研

逐步缩小目标范围

收集新信息

环境　　　职业选择　　　条件

时机　　　　　　状态

图 6-5　职业定位的动态过程

第七章　成长规划与行动方案拟定

成长需要规划，规划让人看到希望，进而知道努力的方向。规划需要行动方案，行动方案是具体可操作的步骤，为个体提供实际的行动路线。倘若只有成长规划而没有行动方案，那便只能仰望星空，而不能脚踏实地。

一、成长规划与优势建构

1. 学业与职业贯通规划

学业规划与职业规划具有贯通一致性，学业规划为职业规划服务，学职规划的路径应该是先大致框定职业目标再由此倒推具体的学业规划。

举例来说，如果一个大学生想成为大学老师，经了解，博士学历是大学老师的基础要求。因此，这名大学生本科毕业后需要继续攻读硕士，并在研究生阶段明确研究方向，在学术方面积累优势，为攻读博士学位做好准备。

同样，如果一名中学生，未来想成为机器人工程师。那么根据机器人工程师的入职条件，该同学在高考志愿填报时，就需要选择智能机械相关专业，在大学阶段深入学习主流编程语言，研究生阶段学习自动化、电子信息或其他相关专业，在专业方面不断精进，完善职业胜任力。

总之，学业规划一定要贴合职业目标，在正确的方向上进行优势建构，将个人优势发展为竞争优势。

不断提升自己在职场和社会中的价值及竞争力是职业发展的核心观念。特别是在数字时代，让自己成为擅长领域的专家，拥有不依赖于平台的、独立工作的能力，这是未来职业的必然走向。

优势理论告诉我们，才干 × 投入 = 优势。其中才干是指个体天生的思考方式、感受和行为方式，而投入是指个体投入到练习和开发技能、学习基础知识上的时间等成本。成功者往往都是先着手其擅长的领域，然后在此方向上进一步学习知识和技能，再日益练习，以这样的方式，才干就会产生乘数效应。

学生时代是建构个人优势的起点，人们应当以发展的目光来看待正在发展的学生，要知道自我探索的目的不仅仅是为了当下，优势探索出的状态并不代表以后的状态，目前的能力也并不代表以后的能力。实际情况是，部分学生尚处在发展初期，并不知道自己的优势是什么，也未在自己的优势领域投入充足的练习时间。优势发现更重要的是激励个体发现自己，开发潜能，提升能力，完善人格，树立价值，借此提升生涯适应力。

此外，在数字化生存环境下，外在的流变加快，个人保持核心优势的时间缩短，"护城河"也逐渐失去效用，以往工作和关注的个人核心优势需要与时俱进、持续建构。

2. 找到差距

生涯发展是一个长期过程，不可能一蹴而就。有了目标之后，还要找到自己现在的位置距离目标的差距，可以通过以下几个问题，来找准自身定位，进而补齐自身短板。

- 我与企业的入职要求相比，差距在哪里？如何弥补？
- 我处在行业或领域的什么位置？我与同领域的顶尖选手相比，差距在哪里？如何弥补？

下面以某智能制造企业校招人力资源专员的岗位为例进行分析。

岗位职责：

① 根据各组织管理者对人力资源管理的需求，结合相关制度和政策，协助解决所辖部门的人力资源问题；

② 根据业务需要，提出组织发展需求，协助组织设计并推动实施；

③ 根据业务需求，提出年度人员计划以及招聘需求，推进招聘实施并进行人员配置；

④ 根据业务发展以及对人员的要求，提出人才开发需求，协助制订并推动实施人才开发计划；

⑤ 了解员工思想状况，实施谈话、辅导，作为员工人力

资源管理联系窗口，接待、处理员工申诉等，根据公司相关制度政策，处理员工相关问题，实施奖惩等；

⑥ 根据人力资源管理各专业模块的要求，推进制度、政策、项目落地。

任职要求：

① 本科、硕士应届毕业生；

② 人力资源、心理学和管理学等相关专业；

③ 了解人力资源相关工作；

④ 正直、诚信、有激情、专注、具备良好的团队精神、沟通和表达能力；

⑤ 有较好的英语能力（英语四级及以上）。

招聘岗位的要求通常涵盖了专业知识、技能、品质和才干等多方面的内容。个体需要了解行业和岗位的招聘要求和标准，对照自身条件和能力进行现状评分，弄清楚自身与招聘岗位要求的差距，见表7-1。这可以帮助个体拟定切实可行的成长方案，将有限的精力、时间和资源投放到最有价值的领域，即使现在达不到要求，也有了努力的方向和行动的尺度。

表 7-1　差距示意表

分类	胜任力要求	现状评分（1～10分）	差距弥补（1～10分）
知识	本科、硕士应届生 人力资源、心理学、管理学相关专业	8	2
技能	人力资源管理相关技能，如沟通、表达、团队合作，英语四级	7	3
才干	正直、诚信、有激情、专注	9	1

在职场立足后，为了追求自身卓越成长和更高层次的发展，需要向行业中的顶尖高手学习，找差距仍然是必做功课。

以某通讯信息行业头部企业为例，该企业在人才选拔中对"领军人才的核心素养"——主动性、概念思维、影响力、成就导向和坚韧性进行分级评估，见表7-2，从而进行更精准的人才筛选。该企业要求执行型人才需要达到五项素质均在一级（含一级）以上，守成型人才要求在坚韧性上一定要达到二级，开创型人才需要五项素质均至少达到二级。

找到自己与行业高手的差距，能够帮助个体拓宽职业视野，提升对行业的理解和洞察，还能激发进取心和动力，个体经过坚持不懈地努力，逐步缩小与他们的差距，就会变得更优秀，更有价值。

3. 建构优势

每个人都有优势，但当它还未形成竞争优势前，还不足以助力个人在职场中实现价值交换，通俗地说还不能靠此挣钱、变现、支撑生存发展。因此，人们应该在才干的方向上继续投入，结合生涯愿景和职业目标去系统学习该方向上的知识，去习得要从事相关工作的技能。另外，在当今社会，学历是求职的门槛，去了解目标职业普遍的入职学历、专业要求是进行有效建构的起点。在中国现行的教育模式下，中学生进入大学后，进行专业系统的学习才开始了真正意义上的优势建构。

表 7-2 某通信信息科技企业的素养分级

领军人才的素养	定　义	零　级	一　级	二　级	三　级
主动性	主动性是指一个人积极主动地完成工作，主动地创造新的机会，具有预见性地进行计划和规避问题	不会提前计划，也不能积极主动地完成工作	能主动行动，积极完成工作	能主动思考，快速行动，及时发现问题	未雨绸缪，提前行动，规避风险，甚至能够创造机遇
概念思维	概念思维是一种识别表面上没有明显联系的事情之间的内部联系的能力	不能准确而周密地去思考问题，碰到问题想不清楚，弄不明白	可以进行简单的类比，即根据自己过去的经验，对某个行为进行类似的复制	能融类旁通，能通过掌握事物发展的各项规律，以点及面地思考问题	懂得深入浅出，能将复杂事物高度总结成简单易懂的概念，让别人也能理解
影响力	影响力是指施加影响的能力，是说服、劝服、影响他人，留下印象，让他人支持自己观点的能力	不能清楚地表达，说服不了别人	通过向别人讲述理由、证据、事实等方法，来直接说服某个行为受自己的观点	能换位思考，能站在别人的角度去思考和表达	会用复杂的策略影响别人，或者通过巧妙的手段使别人接受自己的观点
成就导向	成就导向指的是拥有完成某项任务，或者工作中追求卓越的愿望	安于现状，不追求个人技术或业务上的进步	追求更好，努力将工作做得更好，或努力要达成某个优秀的标准	不需要上级设定目标，会给自己设立有挑战性的目标，并为达成目标而努力	会在存有细微权衡代价和收益之后，冒着经过评估的风险做出某种决策，为获取更大的成功敢于冒险
坚韧性	坚韧性是指在艰苦或不利的条件下能克服困难，努力实现目标；面对他人的敌意，能保持冷静和稳定的状态，忍受这种压力	无抗压能力，受不了批评、挫折和压力，一有困难就选择放弃	在工作中能够保持良好的体能和稳定的情绪，能顶住压力工作	在艰苦的环境中能够保持质优得住的人来把事干成	不受制于压力，还能把压力解除，困难对这个级别的人来说不是压力而是机会

（1）强化优势

优势建构的第一步是强化优势，依据优势的构成，强化优势主要从才干、知识、技能三方面入手：要在生活、工作、学习中有意识地运用才干，才干的习得和彰显是润物细无声的过程，需要长期浸润和培养，让它们可以达到自动化输出的程度，并为拥有者持续地带来正向结果。

在知识方面，要关注学科前沿，突破院校、专业、学科的局限。在万物互联时代，知识资源非常丰富，个体需要始终关注行业头部组织的发展动向，了解行业岗位对人才标准的要求，不断地朝最优方向去进行知识储备。关于知识的学习，如果学习效率高，那么可以在短期内达到基本要求，而技能的学习却不可能一蹴而就。它需要经过大量刻意练习才能熟练掌握，从知道到做到的距离，符合"一万小时定律"[⊖]，下面将详细介绍技能优势的强化技巧。技能优势的强化需要不间断地刻意练习。在《刻意练习》一书中，作者提到"所有人都认为'杰出'源于'天赋'，'天才'却说我的成就源于'正确的练习'。"书中介绍了从小白到行业专家的方法：

- 运用成熟的训练方案
- 定义自己清晰的目标
- 对练习过程保持专注
- 设计科学的反馈机制

⊖ 出自格拉德威尔的《异类》一书。一个人如果想要在某领域成功变为专家，或成为一个享誉世界的名人，那么就需要在他专注的一件事上至少要用心坚持一万小时。这一定律被称为"一万小时定律"。

- 足够次数的重复练习

第一步，运用成熟的训练方案。刻意练习最早由心理学家埃里克森提出，旨在通过有目的、有系统、有计划的练习，不断挑战自己的能力，最终提高自身技能和表现水平。一套成熟的训练方案需要综合考虑多个方面，包括目标设定、个性化评估、科学规划、时间安排、监控调整、心理调适以及评估反馈等。通过不断优化和完善这些要素，可以确保训练方案的有效性和实用性。

第二步，定义自己清晰的目标。刻意练习离不开特定目标，最好是可衡量的，具体明确的目标，这有助于检验是否达标，将练习量化更有利于自我改进和提升。专业运动员在进行系统的运动训练时，都要设定清晰而具体的训练目标。

第三步，对练习过程保持专注。当前，由于微信、QQ、钉钉等即时通信工具的广泛应用，短视频、移动多媒体的蔓延，职业人经常面临的是多线程工作，人的专注力被分解，长效专注达到"心流"状态的时间屈指可数。刻意练习需要具有专注的练习状态，这是一种全心全意投入到正在做的事情之中，强烈专注、享受、自我意识降低并产生愉悦感的状态。每一次的练习都尽可能地专注并全力以赴，才能达到更好的效果。

第四步，设计科学的反馈机制。练习过程中需要及时反馈，反馈就像是一面镜子，让我们看到自己的行为、表现或结果的全貌。如果练习得很好，那么及时反馈是一种正强化，能促进我们更积极地继续坚持练习；倘若发现不足或潜在问题，反馈则可以帮助我们总结经验教训，避免再犯同样的错误，为我们提供前进的动力和方向。

第五步，足够次数的重复练习。重复练习强调的是有目的的、专注的、反馈驱动的练习。多项研究表明，刻意练习的时间和最终的结果存在着必然联系。举例来说，钢琴家郎朗从小就开始接触钢琴，掌握了钢琴的基本功。他通过反复练习各种曲目和技巧，不断地设定目标，调整练习方法，并寻求导师和同行的反馈，不断地反思和改进，逐渐克服了技术上的难点。不断磨炼技艺，使他在演奏中能够自如地表达情感，展现出独特的艺术魅力，最终成为世界级的钢琴大师。

总之，遵循上述刻意练习五步法，便能够强化优势、提升技能。人们可以选择一个很小的技能入手，在一段时间内集中练习、多场景练习，直到这项技能内化成为习惯，并能带来正向反馈之后，再考虑练习其他的相关技能。注重技能的长期磨炼、长期积累，个人才能在自己的发展之路上厚积薄发、屹立不倒。

大学阶段是学生为职业发展做准备的关键时期。通过深入了解自己的优势、制定职业规划、深入学习专业知识、提升技能水平、积累实践经验、建立人脉网络以及持续提升自我等方式，学生可以为自己未来的职业发展奠定坚实的基础。

万学教育科技集团董事长张锐提出，大学阶段应注重"高价值学习"及"强化训练"，核心通用能力一般由心理能量、思维能力、语言表达能力、人格魅力、执行能力、领导能力组合而成，而核心通用能力的培养，需要重点强化训练以下三个方面：形成万字文案，行业头部企业实习，积累成就事件。

● 形成万字文案

深入专业领域，选择研读若干自然科学领域、社会科学领域或商业实践领域的复杂文本，并形成万字读书笔记或分析报告。读书笔记可以记录主要观点、个人感想、关键引文以及与前文内容的联系等。分析报告则要侧重于对文本内容的深入剖析，可以包括文本主体分析、结构分析、作者观点分析等。

● 行业头部企业实习

以团队模式，快速调研 36 个典型行业头部企业，锁定适配求职范围，形成调研报告。报告应包含对头部企业的全面介绍，如企业概况、市场地位、竞争优势等。分析企业成功的关键因素，以及行业发展趋势对企业的影响。根据调研结果，锁定适配的求职范围，为团队成员提供职业发展方向的建议。

● 积累成就事件

在学习或实习中，积累个人成就事件为面试时做铺垫。面试时要介绍个人背景、教育经历和工作经历，突出个人优势和特长，以及与目标岗位匹配的技能和经验。阐述对行业的理解和认知，以及对未来发展的看法。针对常见面试问题，要提前准备回答要点和例证，思考可能的难点和争议点，并准备相应的解释和回应。并做好演练，确保表达流畅、逻辑清晰。

通过完成这些重点强化训练任务，个体将能够提升自己在复杂文本阅读、行业调研和面试准备方面的能力，为未来的求职和职业发展奠定坚实基础。

（2）叠加并整合优势

科技高速发展的"不确定"时代，AI 等高科技难以取代的职业是有人类情感参与的复杂劳动，同时对职场稍加观察不难发现，光凭一项单一技能是无法完成任何一项复杂劳动的。所以，我们要培养的是专业技能过硬的复合型人才。

复合型人才需要构建多学科交叉融合的"T"型知识体系，即在掌握原有专业核心知识基础上，增加学科交叉知识，并能融会贯通。复合型人才的知识结构通常是跨学科的，他们不仅拥有深厚的专业知识，还具备广泛的文化教育知识和多样的发展潜力。此外，他们在个性发展和创新思维上也表现出色，能够适应快速变化的社会和工作环境。因此，复合型人才也被称为"一专多能"型人才。

成为复合型人才，需具备三个基本素质，即专业知识、技术知识和创业素质。专业知识是指拥有不同专业的背景，不仅具备所在行业的专业知识，还具备其他专业的基本通识性知识，要求人才可以做到跨行业理解业务。技术知识是指拥有"身兼数职"的工作技能，比如对于互联网产品经理来说，拥有使用数据平台处理数据的能力，就是一项额外的技能；对于传统广告行业，懂得互联网新媒体运营，也是一项能让你成为营销领域复合型人才的关键路径。创业素质是指在通用能力、专业能力、职业能力基础上发展形成的综合素质，核心本质是人才的适应能力和迁移能力，具有离开平台后创业的能力，具有带领新业务从 0 到 1 的能力。

总之，复合型人才就是知识面广博且有所专长的人，是通晓多专业的基础理论和基本技能，能将各种能力进行整合规划，用一种全新的思维来解决遇到的问题的人才。下面将列举两个案例，讲述现实招聘岗位中对复合型人才的需求。

通信行业某头部民营企业对大数据开发工程师的技能优势要求： 一是掌握大数据核心关键技术，如 Java、Python 等编程语言，还需对分布式系统、数据库、数据仓库、数据挖掘、机器学习等领域有深入的了解。二是需要团队协作与沟通能力，大数据项目往往需要一个或多个团队共同协作完成，因此大数据开发工程师需要具备良好的团队协作和沟通能力。他们需要与团队内其他成员或其他团队成员密切合作，共同推进项目的进展，并能够及时沟通问题和寻找解决方案。三是具备创新能力。在快速变化的大数据领域，创新能力是大数据开发工程师不可或缺的一项能力。他们需要不断探索新的技术和方法，提出创新的解决方案，以应对不断变化的业务需求和技术挑战。

某智能制造业头部企业对人力资源专员的技能优势要求： 人力资源专员需要掌握人力资源管理的基础知识，包括招聘、培训、绩效管理、薪酬福利等。同时，他们还需要对劳动法、社保政策等相关法律法规有深入的了解。技术型企业中，人力资源专员可能还需要具备一定的技术背景，以便更好地理解业务需求，为技术团队提供更为精准的人力资源支持。人力资源专员需要深入了解公司的业务情况，包括公司的战略目标、组织结构、业务流程等。他们需要能够从业务角度出发，为各部门提供人力资源解决方案，支持业务的发

展。除此之外，他们还需要具备战略思维，能够根据公司的
发展战略，制定相应的人力资源规划，为公司的长远发展提
供有力支持。总之，人力资源专员的复合型能力，使得他们
能够在公司的人力资源管理工作中发挥重要作用，为公司的
稳定发展提供有力保障。

"不确定"时代下个体需要具备综合能力、社会情感能力
等，需要建构一个核心优势 + 若干辅助优势的优势支持系统。
我们说一个人很强不仅指他的核心技能强，还包括他的结构
强。只有这样，个人的发展才坚实稳健。托马斯·弗里德曼所
著的《世界是平的》一书列举了全球化抹平世界的十辆"推土
机"，提到未来年轻人必须非常特殊、非常专业、非常深耕，
或非常会调适，才具有竞争力。

现在及未来基于人工智能背景，整合优势的方向应为：专
业 + 情感。专业是个人的核心竞争力，它不仅能满足垂直细
分领域的客户需求，而且比较稀缺；情感能让工作更有温度，
让客户获得更好的体验感。这两项核心优势的有机结合是人区
别于机器的"显著优势"，不仅能让个体在职场中获得更好的
口碑，获得更多自我发展的机会，还能成为人机交互时代不被
替代的稀缺资源。

（3）迁移优势

在"不确定"时代，企业的核心业务也许并不稳定，即
使供职于同一家企业，工作内容也会随着企业业务调整而改
变。因此，优势的迁移就非常重要，可以说，能够迁移的优势
才是真的优势，以董宇辉的优势迁移为例，如图 7-1 所示。

图 7-1　董宇辉优势迁移图

生涯人物：董宇辉的优势迁移

新东方做教育培训业务时，董宇辉是英语名师，凭借过硬的教学能力和优秀的价值观输出深受学生喜爱。随着"双减"政策的出台，新东方砍掉了线下教育培训业务，转型到乡村振兴、助农兴农赛道，开办了"东方甄选"直播间。一批留存下来的各个学科的名师，从讲台走向直播间开始直播带货，他们声情并茂地用"教学能力"讲解产品。作为英语教师的董宇辉甚至在直播间教起了英语，如为直播间的观众讲解"pot"和"pan"的区别，吸引了一批粉丝围观。他在带货农产品时展示了深厚的文学功底、哲学修养与助农情怀，彻底让粉丝折服，迅速出圈。

董宇辉在新东方两个差异较大的工作场景中都做得非常出色，他凭借的正是优势迁移。他的才干优势集中在执行力和影响力维度。知识优势仍然有很大一部分来自英语、文学，还有一部分是进入新的工作场景后学习的，如农产品生产加工的

相关知识、直播带货的相关知识等，技能优势则是出色的教学
能力、语言表达能力等。

董宇辉的优势迁移案例给大家的启示是：个体要结合自身
情况，在"黑天鹅事件"频发的"不确定"时代积极构建自身
优势，并时刻保持优势迁移的潜力。具体来说，可以这样做：

- 针对现任职岗进行价值定位与价值描述。
- 评估自身技能与优势，列出自己的现有技能，包括专业知
  识、工作经验、人际关系等。
- 关注自动化和人工智能的最新进展，了解哪些行业和工作
  岗位正在被新技术所影响。分析当前所在行业或目标行业
  的发展趋势，预测未来 5 年内可能出现的新技能需求。
- 确定存续技能与半衰技能。结合技术趋势和行业发展，判
  断哪些技能在未来 5 年内可能存续，哪些技能可能会逐渐
  消失，如图 7-2 所示。

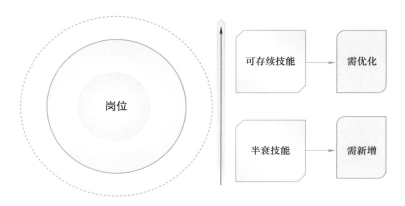

图 7-2　技能优势建构图

- 进行优势迁移，针对存续技能，制订深化和提升的学习计划，如参加专业培训、阅读相关书籍和文章、参与行业交流等。针对半衰技能，分析需要新增的技能，并制订相应的学习计划。这可能包括学习新技术、掌握新工具、了解新行业等。

迁移优势的本质是持续学习。在剧烈变动的社会环境里，不学习肯定是没有未来的，甚至如果个体的学习速度慢于环境变化的速度，或者慢于竞争对手，都可能会在激烈的市场竞争中落伍，甚至被淘汰。通过以上步骤，个体可以更好地进行优势迁移，从而更加从容、自信地面对"不确定"时代的职业挑战。

总之，个人要基于优势，在自己擅长的方面，激发自身求知欲和创造力，朝向未来进行生涯建构，而不是运用短板思维去关注自己做得不好的方面，走"补齐短板"这条最难走的路。

4. 管理弱势

重视优势、发展优势并不意味着忽略弱势，我们对于弱势的态度应该是，如果它影响到个人目标的达成时，就应该对"短板"进行有效管理，具体来说有如下策略：

策略 1：花力气把短板补齐到基本水平，不要让短板成为自己职业发展的绊脚石。

在一次企业参访中，部门经理带领着我们一行人参观办公区，来到一块闪烁着中国地图的电子屏幕前时，经理请一位工作人员给我们介绍公司业务的分布情况。这位小伙子介绍完后还不忘补充一句"我是做技术的，之前没准备充分，如果有介绍得不好的地方，请大家多多包涵。"

他的这句话，我们是理解的，因为他的叙述时有卡顿，口头禅也很多，虽不流畅但完全不影响理解，并且他对公司业务也比较熟悉，况且他是做技术的，过硬的技术技能才是他在企业中安身立命的根本。像这种情况，表达力这块短板就可以暂时忽略。

但假设这位年轻人，未来想走向领导岗位，工作中会出现更多当众讲话、公开演讲、汇报工作等场景，而恰好由于他表达能力较弱，影响到了工作绩效和个人发展，他就应该狠下功夫学习表达演讲课程，提升自己的公众语言表达能力到基本水平。

策略2：用自己的其他优势来弥补短板，实现殊途同归。

还是以这位不善表达的搞技术的年轻人为例，因为表达并不是他的优势所在，因此他可能要花费比别人多几倍甚至十几倍的时间精力才能达到基本水平。

假设他的优势是"分析""思维"或"理念"等，那么针对他的表达训练就可以运用这些才干优势来弥补普通话不够标准、语调不够抑扬顿挫、表现力不足等弱势，进而形成逻辑清晰、推理严谨、论据有力的个人表达风格。如果一定要把他塑造成一位"风趣幽默""声情并茂"的表达者，恐怕就会落入东施效颦的尴尬境地。

策略3：通过团队合作或工作外包的方式完成不擅长的部分。

在以上案例中，那位不善表达的年轻人，完全可以在团队领导的协调下少参与公众表达，而把精力倾注在自己擅长的事情上，如在团队中专注技术突破。这样就可以扬长避短、提高效率。

而实际上，团队合作所强调的正是各取所长、优势互补，团队中的每个人都利用自己的优势与其他成员的优势合作才能为团队创造出更大的价值。在工作中，人们除了需要深刻了解自己的优势、弱势，也要主动观察他人，学会选择、邀请能与自己的优势形成互补的搭档，从而达到 1+1>2 的效果。

如今随着第三方服务平台的兴起，很多精细服务都能实现外包，在团队人手有限的情况下，只保留核心业务，并始终坚持把时间精力投入到最不可替代的部分，其他技术含量较低、耗时、不擅长的内容皆可外包给他人来完成。以我自己的写作为例，我只负责文本的写作，插画、制图、表格、校稿等工作，就通过业务外包来解决。

通过以上策略，个人可以对自身弱势进行有效管理，在发挥优势的同时，管理好短板，才能更好地专注到优势发展与建构。总之，请记住发挥优势带来的价值远远大于关注和弥补短板带来的价值，人的一生精力有限，要把主要精力投入到最能产生效益和价值的显著优势领域。

二、行动策略

1. 先动起来

职业规划的行动计划看似宏大，却可以一步步落地到一个个具体事件，一个个具体事件又可以分解为一个个行动步骤。后现代生涯理论都非常强调行动的重要性。哪怕一个微小的行动都可能使复杂动力系统发生一点变化，由此可能在系统内外产生重大影响，这就是"蝴蝶效应"，它符合当代职业的本质：一个看似孤立的行动也许会带来一系列"非线性"的连锁反应，行动与结果不一定存在直接的因果关系，但行动即开始，命运之轮由此转动。本书之所以不提倡过早抉择，是因为在现实生活中大多数时候不是选择了之后才去行动，而是行动之后才有选择。

案例　从不想就业到签约某大型制造企业

我所在的部门在暑假接到一个用人单位回访调研的任务，由于人力不够便请某学院的老师推荐了几名大三本科生担任工作助理。其中有一名学生不是很情愿，认为这项工作耽误了他备考公务员。但是碍于老师情面，他勉强接受了，并强调做完这项工作就要离开。

本次回访调研的方式是到企业访谈人力资源经理、技术经理及毕业生代表并请他们填写相关问卷。当然企业也为我们一行人安排了企业参访，我们先后去了三家先进智能制造业企业，在进行到第二家企业时，之前毫无企业就业意愿的学生便开始"动摇"了，他跟我说，如果能到这样的企业工作也是很好的，当进行到第三家时，他已经放弃"上岸概率极低的国家公务员考试"转而决定到企业工作。这个调研项目结束后，他利用剩余不多的大三暑假及大四的空余时间积极进行就业实习，分别积累了互联网行业、智能制造行业的多段人力资源岗实习经验，最后签约某大型制造企业总部。

从以上案例可知，当他开启第一个行动时，所有人并不能准确预知事件流向，也无法推论事件结果，职业生涯规划不应以追求理性决策为目标，而应引导个体积极接纳生涯的不确定性。特别是对于生涯未定向的个体更应该踊跃参加专业、社团、实践等活动，通过各种生涯探索活动，创造积极的生涯事件，识别机遇，为未来做更多的准备。

2. 看懂规则、踩准节奏

很多人在进行职业规划的时候过于关注自我探索和内在节奏，而忽略了外部事物的规律和规则。在生涯咨询个案中，有些自身素质很好的毕业生，也由于对职场规则和招聘规律的不了解而错失了求职择业的最佳时机，白白浪费了学校平台和自身专业的优势，让就业陷于被动。

在变化频繁的不确定职业环境中，个体要特别关注、留意外部职业动态与信息，了解即将踏入领域的规则，踩准招聘节奏，把握关键节点，加强自我与环境的交互、调整与建构。

踩准节奏的重要性体现在，很多职业机会在一生之中也只有几次，甚至在应届生身份下只有一次。以各类入职考试为例，个体要敏锐地把握各类重要考试的时间节点，如国家公务员考试、选调生考试、地方公务员考试等，并据此提前规划备考策略，全力准备。这样做的重要性在于，其中很多考试有政治面貌、专业成绩排名、学生干部经历的要求。若不提前积累准备，那么可能连报名的资格都拿不到。况且这些考试的难度较大，对人才要求较高，不是短时间内简单的复习就能应对的。参照国家机关、企事业单位选拔人才的标准，制订详细的个人成长及求职计划，认真准备，逐条满足，这其实也是对自我优势的积极建构。

3. 效率制胜

快是这个时代的主要特征，在这个快的时代做事，要有快的效率意识。市场经济条件下，各个组织都处在激烈的竞争中，对客户或人民群众的需求做出迅速回应是企业主体、政府机构的基本素养。

以企业为例，以前一项技术要转化为产品需要几年的时间，而在快速发展的当下，昨天你可能还在思考的问题，今天就产品化了。只要企业能够有效解决客户的问题，客户的忠诚度就会较高。很多企业业务下滑、业务萎缩、被淘汰的根本原因就是行动变化的速度不够。

处在组织之中的个体的职业发展也是如此。如果想要在瞬息万变的市场环境中抓住机会，就需要对环境、对服务对象的需求做出快速反应，快速采取行动。这个时代的机遇，完全取决于我们的行动以及行动背后的观念。

案例　从一件防护服看企业力量

2020 年 2 月 29 日，江苏某防护科技有限公司面对疫情快速反应。为了满足市场对防护服的大量需求，公司由一家为知名服装品牌代加工冲锋衣的企业，转型为生产医用防护服的工厂。"一方面是当前形势促使企业转型，另一方面也是想为疫情防控做些力所能及的事。"该企业负责人介绍，同年春节后，企业一边申请复工，一边申报防护服生产。

快速发现市场痛点，快速满足市场需求，是企业成功转型的关键。很多时候人们不缺乏职业发展的思想、观点、方法，而最缺的是高效率地行动。如果想在这个时代保持住持续发展，就需要清醒地识别不确定性，与不确定性相处，认识和理解变化，并快速行动。

4. 快速迭代

快速迭代是要快速地适应不断变化的需求，通过不断推出新版本以满足这些需求，永远快竞争对手一步。

微信就是一个典型的例子。发展初期功能简单，仅仅提供文字信息和语音消息的发送与接收，相当于升级版的短信。随着用户需求的不断变化和市场竞争的加剧，微信团队迅速推出新功能以满足用户需求。比如朋友圈功能的推出，不仅丰富了用户的社交体验，还使得微信从一个简单的通信工具转变为一个多元化的社交平台。后来微信还推出了公众号、小程序等新功能，进一步拓展了微信的应用场景和用户群体，从而保持其竞争优势。如今微信已从 1.0 版本迭代到 8.0 版本，见证了微信快速响应市场变化和用户需求，不断优化产品功能体验，快速迭代、持续发展的历程。

快速迭代不仅仅适用于企业的产品或服务开发，也同样适用于个人成长和发展。以求职为例，一次性求职成功者非常少见，他们往往是前后几个月甚至是几年，参加了若干次求职，经历了若干轮"网申——面试——笔试"，最后才得到比较满意的职位。我们可以把"职业规划——投递简历——参加面试——签约"看作是一个求职闭环，每经历完一个环节就能获得外界反馈，即使暂时失败，运用这些真实反馈进行战术性复盘，也可获取下一步提升空间。特别是针对不足展开刻意练习，便可实现个人的快速成长和进步。因为人的发展总是波浪式前进、螺旋式上升的，快速迭代并不能一蹴而就，它需要人们的耐心与毅力，个体在跑完一个个闭环的同时，也完成了认知水平和通用技能的提升。

快速迭代还可用于职业方案的可行性验证。尽管在之前的步骤中，我们已经对各项方案进行了技术性探讨，但是"纸上得来终觉浅，绝知此事要躬行"。个体在特定职业方向上去行动、体验、实践，类似于一个职业定位的小型实验，让人们有机会去了解一个全新的职业。在行动中去收集真实、直接的反馈信息，去认真对待自己的每次体验。有了行动和第一手体验后再综合分析、推演、判断某种职业与自己的适配性、可行性，得出的结论才更有说服力。

即使之前提出的假设在行动中都失败了，但是这样的失败也是有价值的，一件事情没有成功，坐下来把整个事情的来龙去脉，甚至每个细节仔仔细细地进行梳理。回顾目标是什么，当时是怎么考虑的？执行过程中出了什么问题？外部环境发生了什么变化？为什么没做到？下次再做的时候，这次的经验教训自然就有了价值，至少知道了什么做法有效、什么做法无效；什么东西适合自己，什么又不适合自己……便可以在失败后快速迭代、继续前行。

三、行动困难应对

行动困难是困扰很多人的问题，从知道到做到，从做到到坚持做，这中间不是说说那么简单。行动困难通常是由目标不明、动力不足、难度太大所导致。为了促进行动我们可以从以下几方面入手：

1. 找出"关键一小步"

开启行动是需要能量的。为了降低行动难度，可以把行动拆解为非常容易上手、毫不费力的一小步。请认真梳理整个行动过程中的关键步骤，比如，对于健身的人来说，只要穿上跑鞋就有 90% 的出门健身的可能。那么关键一小步可以是在办公室、车上、家里这些经常出入的地方都放上一双跑鞋，让想健身的人可以随时穿上它。

再如，在生涯咨询中我经常问来访者：

我："你的下一步行动是什么？"

来访者："明天，我将……"

我（继续追问）："今天下课后，你可以为你的目标做点什么？"

总之，一小步对于职业规划的个体来说就是不费力的、立马可以开启的行动步骤。要知道"先动起来，改变才有可能发生。"

2. 走出"舒适区"

走出舒适区是成长的必经之路。更多的资源与机会不是待在原来的圈层中能看到或遇到的，越外圈，资源点越多，如图 7-3 所示。跳出舒适区，才能接触到更多的资源与机会，完成自己想要做的事。

走出舒适区之所以困难，是因为会让人感觉到陌生、无所适从、焦虑，一旦这种反应很强烈，人们就很难坚持。

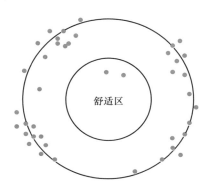

图 7-3　舒适区内外的资源分布

　　然而，人们只有走出舒适区，才能得到成长，如图 7-4 所示。在舒适区里，人们感到熟悉、安逸，安全感十足，但是停留在此处也会消磨掉前进的动力，也会因为无聊而走神，感受不到新鲜事物的乐趣。跳出舒适区，进入拉伸区。拉伸区在舒适区边缘，代表一些新的挑战和机会，需要付出更多的努力来实现。在这个过程中，人们可能会感到不适、焦虑甚至挫败，但这也是成长的机会。如果想再进一步发展，那就跳出拉伸区，进入困难区。进入困难区的人们容易因畏惧而逃避，害怕失败。但是要敢于克服恐惧，不断挑战自我、成就自我。当你克服困难完成一个目标后，下一个任务比上一个任务级别再高一点点、难度再大一点点，如此个人的边界就会突破一点点，自己也就进步了一点点。

　　成长是一个不断破圈、不断超越自我的过程，需要勇气、努力和坚持。只有不断地挑战自己、超越自己，才能不断成长和进步，实现更高层次的人生价值。

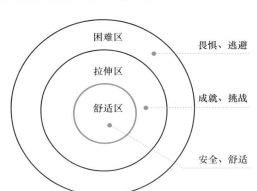

图 7-4　舒适区——拉伸区——成长区

　　以一个生活中的例子来说明，如果让一个驾驶技术不那么好，没开过长途，甚至上高速都紧张的人带着一家老小去自驾，一开始是不是不敢想象？但是她可以先从开车上下班的舒适区走出来，进入拉伸区。在她原来习以为常的距离基础上增加半小时的开车时间，于是半年后她可以胜任 2 小时内的高速路驾驶，完成一个城市周边游，再在此基础上增加到 3 小时，她就可以完成跨省自驾。再叠加时间、增加道路难度、自驾任务难度，她便可以胜任自驾旅行，从拉伸区正式进入困难区。

　　我对职业经验及社会经验都比较薄弱的大学生的实习实践之路，也是依据这一原理设计的，如图 7-5 所示。

　　班级活动——社团活动——学生工作——校内实习——社会实践——教学实习——访企活动——就业实习——目标岗

位强相关实习，这个过程宛如"小马过河"一般，从班级到校级，由校内到校外，从实践到实习，由弱相关到强相关，循序渐进，稳步推进，即使没有职业经验和社会经验的学生也能克服焦虑和恐惧，较为顺利地完成从学生到职业人的成长与过渡。

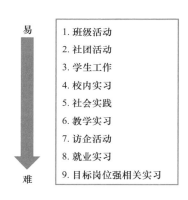

图 7-5 　学生——职业人的舒适区——拉伸区——困难区

3. 建立正向反馈

职业发展是一个持续的过程，结果具有不确定性，及时获取行动进展的反馈十分重要。因为正向反馈是一种积极的评价机制，给予肯定和鼓励，可以激发个体的积极性和自信心，从而推动持续进步。要知道，很难有人在看不到进展的情况下，两眼一抹黑地坚持到底。

反馈分为他人反馈和自我反馈。在后现代焦点解决短期生涯咨询中，咨询师通常在下一次咨询开始前都要询问来访者，"这一段时间你都有什么收获？进展如何？"咨询师还要赞美来访者的变化,哪怕一点小的改变都值得称赞,这种有意识的反馈,能增加来访者改变的动力,复杂动力系统主要在正反馈方面发挥作用。

在这里引用古典老师的生涯三叶草模型,如图 7-6 所示。该模型解释了从兴趣到能力的演变逻辑。这个兴趣——能力——价值的三叶草模型中,兴趣的提高会带来投入度的提高,投入度的提高自然会促进能力的提升,能力增强后,凭借能力获得的价值就会提高,价值感体验高,兴趣更浓烈,从而进入下一轮的循环。如果,在任何一环出现了阻断都会影响个体进入下一环节。

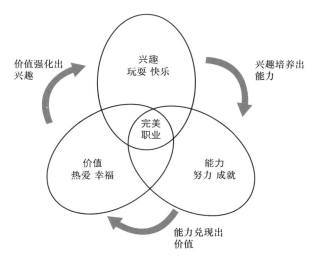

图 7-6　三叶草模型

　　连接环与环的箭头是什么呢？那就是——反馈。如果没有反馈机制，这个循环就没法推动。假设一个人一开始在某件事上兴致勃勃，但坚持了一段时间后，没有收到任何正向反馈，那么就很容易放弃，于是兴趣就被消灭在萌芽阶段，这也是很多人无法坚持、半途而废的原因。

第四篇

生涯发展管理与资源建设

第八章　与家庭沟通并获得支持

　　从古至今，许多父母付出一生的努力，都是希望尽一己之力给孩子一个美好未来，让下一代过上平安顺遂的好日子。由于现代社会竞争压力对于课业成绩的要求越来越高，导致父母的压力也越来越大，这种竞争的环境使得中国父母主导子女生涯的情况很普遍，从上什么兴趣班，到读什么小学、考什么中学，再到上什么大学、读什么专业大多情况都是由父母决定。

　　由于子女一直没有有效参与自己的生涯规划，导致他们缺乏生涯规划的能力，不愿做决定、也不敢做决定，更不会为自己的人生负责。很多学生在这种模式下只管学习，从而缺乏职业认知和生活经验。

　　学习这件事，在中国的传统文化和现实社会背景下，都是特别受重视的议题，但是，即使读到博士，终究是要工作的，如何做职业定位、如何展开求职行动，这都是个人生涯发展面临的现实问题。

当个体本身缺乏生涯规划能力、缺乏自我建构的底气时，就已经把人生的主动权交给了他人。生涯教育就是鼓励个体拿回生涯主动权，学会对自己的人生负责，积极建构属于自己的生涯。

那些有主见的个体通过学校的职业生涯教育，开始生涯觉醒，愿意主动规划自己的学业、职业、事业，可是仍然存在自己的想法与父母的意见产生分歧的情况。无论如何，个体的内心总是希望获得来自父母的支持，这个时候就需要与他们进行有效沟通。

一、家庭对个体职业价值观的影响

1. 控制型家庭对个体职业价值观的影响

在子女不能为自己的生涯发展负责时，父母会理所当然地把他们自己的想法强加给子女。

有些父母凭借自身比较成功的职业经验，认为能洞察社会趋势，能给子女的生涯发展以指引，在亲子关系中表现强势，要求子女完全服从。一开始子女也会表达不同意见，但在经历了若干次的反对无效后，就变得相当"顺从"。在"听话模式"下子女没有主见，基本听父母的。还有一种情况是，有一些父母自己职业发展不顺，生活不如意，经历了人生种种，不愿再"折腾"，于是把"片面""消极"的职场经验和思想传递给正处在茫然之中的、力量和信心都比较弱的子女。

因此，我们才看到"找不到好工作，宁愿不工作""宇宙的尽头只有编制""全职儿女""慢就业"等现象背后都有家庭的影子。很多高校的生涯辅导教师感叹，在中国社会特有的家庭文化下，职业选择不单单是个人的事儿，更是家庭的事儿。在我的生涯咨询个案中，也有不少由家庭因素造成的职业生涯与人际关系的议题。

2. 支持型家庭的职业价值观影响

支持型家庭的父母通常对子女的观点表现出耐心和理解，不会事先替子女做出决策，也不会过分干预他们的选择，而是设身处地地站在他们的角度去思考，充分尊重子女的意见和选择，甚至在有需要的时候倾力相助，是很好的支撑力量。在这种家庭环境中成长起来的孩子会更自信，更能够去应对生活中的问题和挑战，自我管理和解决问题的能力也比较强，对于自我职业的选择也更有主张。

在支持型家庭中，尽管子女知道父母会支持他们的职业选择，但父母也会对子女的职业有所期待。如果子女一味地拒绝倾听，不考虑父母的感受和想法，一方面是对父母的情感漠视，不利于家庭和谐；另一方面，可能真的会错过父母给出的合理建议。

因此，为了家庭的和谐，也为了更好的人生发展，在中国这个重伦理孝道的国度，不论身处支持型家庭还是控制型家庭，子女在职业选择这件人生大事面前都需要给父母一份安心、一份知情权。

二、理解家庭的职业价值观与期待

前文提到，个人的职业价值观是指导个体进行职业选择的重要信念和重要价值，那么，家庭职业价值观则指家庭重要成员比较推崇的，进行职业选择的重要信念和重要价值。父母对子女们的职业选择或多或少都有期待，作为子女有必要深入了解父母偏好职业的理由。

本章给出一些与家人沟通的参考活动，帮助大家进行家庭价值观梳理，借此了解家庭对自己职业包括人生的期待，为后续沟通奠定基础。

活动：梳理家庭职业价值观

第一步，在三个圆圈中标注出家庭成员的名字或称谓以及他们希望你从事的职业，如图 8-1 所示。

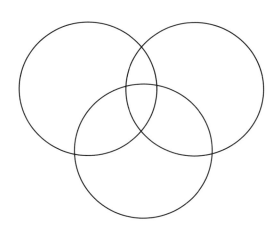

图 8-1　家庭职业价值观梳理

　　第二步，请父母谈谈他们在职业选择中所看中的点，整理出一份清晰可视的父母职业价值观，可参考职业价值观量表（表6-1），也可以自己填写关键词。三个圆圈交叉的部分是家庭成员所共有的价值观和希望从事的职业。

- 先各自选择。
- 对家庭成员进行访谈，结构化访谈参考提纲如下：
  - 请说说你的选择，以及理由。
  - 你们的选择有什么共同之处？
  - 如何找到"希望从事的职业"呢？

　　第三步，在获得父母的职业价值观之后，我们可以将自己的职业价值观与父母的进行比对，找到共同之处。通过这种求同存异的方式，尽量寻找到双方都满意的职业，见表8-1。

表 8-1　家庭职业价值观异同

了解父母和自己职业价值观异同		
	我希望自己成为	父亲希望我成为	母亲希望我成为
生涯目标			
因为			

　　价值观异同的寻找，目的是找出个体和家庭成员都能够满意的点，这个共通的点会成为大家沟通的起点。经过沟通，家庭成员会更了解彼此的看法，对于职业的选择也会更加一致。得到父母的支持和认可，生涯发展会更加畅快和顺利。

　　第四步，在了解父母或家族成员对职业的重要观点后，如果他们的想法和自我规划存在分歧，就需要向父母表达诉求，跟他们沟通磋商。沟通是理解和协作的基础，有效沟通能

增进彼此的理解和感知，有助于建立良好的关系，有利于解决
问题和冲突。

三、与家庭成员深度沟通并达成共识

1. 沟通前

在与父母沟通前应该做好充足准备，一方面表明立场，
另一方面告诉父母自己已经长大，有意愿并且有能力为个人发
展做主了。

可以选择一个合适的时机，最好是家庭成员比较闲暇，
时间比较充裕的时候，避免在他们忙碌、紧张或者疲惫的时候
打扰。时间有保障才能更加心平气和地坐下来详细交流。

最好还要挑选一个好天气。在阴雨天，由于光线较弱，
阳光不足，可能导致人体分泌的褪黑素水平增加，很多人便会
感到沮丧或情绪低落，而晴朗的天气会使人的心情舒缓。因
此，为了沟通的顺利进行，选择一个较好的天气是有必要的。

还要明白良好的气氛和关系是开展后续交流的基础。可
事先整理出一个干净的环境，准备好饮品和点心。相信在用心
准备下，可以让父母感知到你的主见与努力，他们的态度会略
有软化，不会太过刻板地坚持己见。

而最为重要的则是，在沟通前一定要准备好自己的职业
规划方案，这是沟通的基础文本。

2. 沟通中

（1）职业规划方案的呈现

职业规划方案最好是打印在干净、整洁的纸上，主题鲜

明、重点突出，让人一眼就能看明白想表达的内容。准备好一份职业规划书也是让父母看到个人能力的一种方式。

子女可以开门见山地说明通过五点职业定位法确定出的职业目标，希望在哪个地域、哪个行业的什么组织类型里从事什么样的工作。从表述技巧上可以先说"最高目标"，再说"保底目标"，最后阐述"居中目标"，并说明理由，见表 8-2。在此基础上给父母讲解这些目标的实现度，让他们了解你所做的努力，让他们相信你不只是嘴上说说而已，要知道脚踏实地地付出并取得成效才是父母的定心丸。

表 8-2　目标达成度

目　　标	理　　由	达 成 度	事　　件
目标一（最高目标）		3	1. 2.
目标二（居中目标）		5	1. 2. 3.
目标三（居中目标）		6	1. 2. 3.
目标四（底线目标）		8	1. 2. 3.

（2）求同存异，达成共识

心理学研究表明，交流双方的观点有 80% 相似，接下来提出的不同观点才会更好地被对方接纳。因此，要学会认同父母的部分观点。首先要求同，之后才能存异。如果父母赞同了子女的想法，那么子女再主动与他们进一步探讨实现职业目标的路径，并提出希望他们能够提供支持的方面；如果父母不太同意甚至很反对子女的规划，作为子女也应该抱持一份开放的心态，认真倾听，积极回应，求同存异。正是因为人与人的想法和观点不同，才为看待"问题"提供了新视角，听取各方意见本就是决策的必经步骤。

要知道，想让子女过得更好是父母的根本目的，在这个基础上去沟通，去理解父母的初衷和心情，特别是要理解父母对子女职业选择的控制，主要是出于对未来不确定性的不安，源于父母对子女的担忧。其实，多数父母表现出的担心，都是对子女深刻期望的展现。大家可以一起探讨各自认为的"好"或"不好"分别是什么，子女可以告诉父母自己的追求、向往和真正想要的工作及生活。

沟通中子女可以告诉父母，事实上职业价值观并不是固定不变的，它会受个人认知、生活经历和外部环境的影响而变化，每个人生阶段都有这个阶段的追求。时代在变化，子女与父母的职业价值观存在差异是正常的事，请他们尊重自己的职业选择，请他们相信子女会为自己的生涯负责，会为定下的职业目标付出努力。

（3）展现个人优势

父母对子女职业担心的主要原因可能是对子女谋生能力不够相信。为了让父母多一点信任，就非常有必要展示自己的能力与优势。在本书的优势部分已经讲解了探索个人优势的方法，建议以巅峰时刻（参见第五章活动"巅峰时刻"）的成就故事为蓝本用 STAR 法则向父母列举自己在知识、技能、才干方面的优势，说明已经具备的竞争优势和所处层级，以及它们都能让你胜任什么工作。

下面列举一些用于口头表述的框架：

● STAR 法则

STAR 法则包括情景（Situation）、任务（Task）、行动（Action）、结果（Result）四个部分。S 是指口头表达时需要包含事件的时间、地点、环境；T 是指需要达成什么目标以及完成了什么任务；A 是指在完成任务过程中遇到了什么挑战，具体采取了怎样的行动；R 要求在表达时以量化数据的方式展示完成任务得到了什么样的结果，学到了什么知识。

● SWOT 分析

SWOT 分析由优势（Strengths）、劣势（Weaknesses）、机会（Opportunities）、风险（Threats）四要素构成，其中 S、W 是指自身所具备的优势和劣势，O、T 是指外部可能遇到的机遇或风险。

在与父母进行沟通时，你可以进行 S、O 分析，即分析你如何发挥所具备的优势抓住外部机遇，也可以进行 S、T 分析，即分析你如何发挥所具备的优势克服外部挑战。再者，你可以进行 W、O 分析，即分析如何利用外部机遇弥补你的劣势。也可以进行 W、T 分析，即分析你如何改善所具备的劣势将目前所处环境的威胁最小化。

● 结构化表达金字塔

结构化表达金字塔是一种层次化及结构化的思考、沟通

和写作工具，如图 8-2 所示。总体而言，结构化表达金字塔介
绍了三种表达方式，分别是：结论先行——以下统上、逻辑递
进、归类分组。

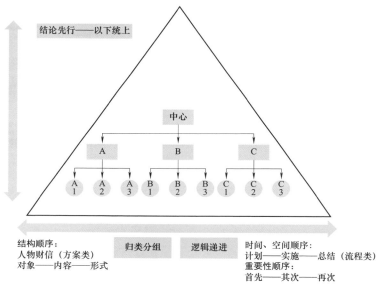

图 8-2　结构化表达金字塔

结论先行—以下统上，具体是指你在表达的时候，首先
要告诉对方最重要的信息，也就是你得出的结论，然后再进一
步陈述你得出这些结论的理由。例如，你想要告诉父母，你的
职业目标，就应该开门见山地说出目标职业的名称，随后进一
步阐述你的理由。

逻辑递进具体是指你在表达的时候，需要按照一定的逻辑
关系来整合你的语言。常见的逻辑关系有时间顺序、空间顺序、

重要性顺序，可以按照你所要陈述的重点，对观点进行整合。

归类分组是指将你所要表达的信息按照信息的共同属性进行罗列，例如当陈述你从事某一行业所具备的优势时，可以按照外部优势和内部优势进行归类分组。

（4）其他沟通技巧

沟通是一门学问，不仅在与家庭长辈沟通职业选择时会用到，在职场人际沟通时也很管用。

- 表达观察，应该尽量陈述事实。比如说"你很久都没有回复我的信息了"，这是事实。换成观点表述则是"你真是不上心"。

- 表达感受，应该尽可能客观。如"这件事情让我觉得伤心和难过"，而不是歇斯底里地哭泣或吼叫。

- 说明需要，而非指责。需要是"我需要你们支持我的职业选择"，而指责是"你怎么都不在意我"。需要可以让双方更好解决问题，而指责却会破坏双方的关系，把双方的距离越推越远。

- 表达请求，而非命令。请求是"你可以说明原因或是给我一个解释吗"，而命令是，"你必须给我一个解释"没有人会喜欢被命令，更需要的是被尊重、被请求。

沟通是一个长期的过程，"欲速则不达"，子女没有必要要求父母立刻认同自己的观点，要相信随着时间的润化，固有观念可能会被化解，新的观点会被认同。

3. 沟通后

子女和父母之间存续着浓厚的情感，因此和父母沟通后还要继续保持情感交流，经常互通有无，聊聊学习、生活、工作各方面的进展。特别是当沟通取得一定共识后，子女通过实际行动，取得了一定成效，就能对职业目标形成积极反馈，曾经许过的诺言变成了现实，对父母而言是一种认知上的强化，以后就不会再认为你只会一纸空谈，子女的语言对于父母而言将更有说服力和可信度，父母也会更加相信子女的能力，渐渐放手让子女自由驰骋。

其实，在不确定的社会环境和职业背景下，子女需要长期面临的议题是"与父母的担心同在"。如果有条件或有能力，子女可以持续仔细倾听父母，去看到父母有哪些想法，以及这些想法的源头。帮助父母去探究这些想法与他们自己生命经验的连接，以及给子女可能带来的影响。同时也检视这些想法对子女是重要的吗？是最合适的吗？要知道子女在关心、好奇、理解父母的担心之后，才能更有效地支持父母达到一种产生信心的状态，不再做无谓的担心，帮助父母一起思考"如何陪伴子女成长""如何做有力量但尊重子女人生的父母。"

第九章 评估与调适

　　"不确定"时代的生涯建构非常强调灵活应变的适应能力，个体对环境的适应与生物进化论是类似的道理。正如达尔文所说：在剧烈变动的环境中，能够生存下来的不是最聪明的，也不是最强壮的，而是最灵活的。

　　现在我们正处在人工智能、互联网、5G、AI所带来的社会环境的巨变中，个体要在这样的环境中工作、生活及自我实现，将自我与社会环境进行调适势在必行，那么，阶段性调试的依据则是对生涯规划实现情况的及时、准确评估。

　　在本章，我们基于职业生涯规划与咨询的大量实践，提炼出了评估与调整的操作方法与关键要点。

一、评估、萃取

　　评估是调适的依据。个体在职业生涯规划执行了一段时间后，应该保持开放的心态，对外部环境、目标、策略以及执行过程进行结构化反思，以判断规划的实现程度。尤其失败后，更要勇于剖析自己，有效总结行动中的经验教训，实现快速试错、迭代优化。按照评估阶段的不同可分为：对目标、过程、结果的评估。

1. 目标—结果评估

"目标—结果评估"关注预设目标与实际结果之间的对比，有助于厘清目标达成的现状，通过这种方法，个人或团队能找到结果和目标之间的差距，可以衡量其行动是否达到了预期效果，见表9-1。

表9-1 目标—结果评估表

回 顾 目 标	评 估 结 果	"里程碑"事件
整体目标是什么？	整体目标的达成度	
最高目标： 居中目标： 保底目标：		1. 2. 3. 4. 5. 6.
阶段性分解目标	分解目标的达成度	
1. 2. 3. 4.		

（1）回顾目标

重现职业生涯规划的整体目标，包括最高目标、保底目标和居中目标及各阶段性目标。这些目标最好是符合 SMART 法则（具体、可衡量、可实现、相关、有时限）的量化目标，也可以是"里程碑"事件。去回顾实现这些目标的成长规划是什么？采取的策略方案是什么？

（2）评估结果

现在已经取得了哪些成果？结果和目标对比处于什么状态？达成度有多少？（可以是十分制打分，也可以用百分比表示。例如，假设完全达成目标是 10 分，你给现在的完成进度打几分？并可以把达成的具体事件标注在表格中。）这些结果是如何发生的？对应的具体生涯事件有哪些？

2. 过程评估

在进行了"目标—结果评估"后，还需要进一步进行过程评估，对生涯规划践行过程中的重要事件进行分析，见表 9-2。通过回忆梳理出目标实现过程中主要的亮点和不足，并分析亮点和不足产生的根本原因，从中汲取经验教训，同时总结出运作、处理或解决类似问题的通用流程、方法或核心要点，从而将具体的事项经验抽象提炼，变成可迁移的有效工具。

表 9-2　过程评估表

生涯事件概述			
	分析原因	总结经验	行动调适
亮点			
不足			

"亮点"评估以目标为基准，过程中有助于目标实现的事件，超出预期或一般水平的行为表现都可以作为"亮点"进行

评估。秉承实事求是的原则，找出重要的、可重复使用的经验或建议。

- 有哪些亮点，都是如何做到的？
- 在执行这件事的过程中，都有什么经验和规律？
- 有什么做法特别有效果？
- 遇到了哪些困难，你是如何克服的？

"不足"评估以目标为基准，过程中有悖于目标实现的事件，自我感觉特别不好的，远低于预期或一般水平的行为表现都可以作为"不足"进行分析评估。评估时要兼顾主客观原因，找出困难，抓住问题的关键，分清楚原因的主次，以便调整策略或优化流程。

- 有哪些不足，造成不足的原因是什么？（多问几次"为什么"）
- 哪些做法收效甚微、有待改进？
- 有哪些困难？还需要得到来自哪些方面的支持？

过程评估不只是对过去经历的简单回顾，它也是从过去的经验中进行学习的结构化方法。分析成功或失败的原因，一方面，个体经过此过程可以再次审视目标，也许会发现目标不明确、目标难度太大等问题，为下一步的调适提供依据；另一方面，可以更加清晰地了解自己的表现，发现问题并寻求改进，从而不断提高自身的绩效和成果。

在评估这个步骤上，可以是自我评估，也可以是专家评估。后者能突破个体在职业认知广度和反思、分析、提炼深度上的局限性。很多时候仅凭自我评估，人们以为已经把问题思考清楚，已经发现了事物的规律，可实际上可能并非如此。

二、调适及应用

我们需要在以上对过程和结果的评估基础上，进行职业生涯发展规划的调适应用。这些萃取出的经验、教训、做法、改进建议等在后续工作中应该得到转化应用。

如果在阶段性评估中，目标的达成进度停滞不前，那么首先可以考虑进行行动方案的调整。把握的基本原则包括：继续做那些有效的事情，少做那些无效的事情，提高做事的效率，明确后续的行动计划。在执行层面包括三个方面的行动调整：

- 开始做什么（经过评估，发现哪些之前没做，现在需要做）；
- 继续做什么（经过评估，发现哪些之前做得不错，现在仍需保持）；
- 停止做什么（经过评估，发现哪些之前做得不对，现在要停止做）。

在调适应用的行动阶段，要有具体的、可操作的行动方案、时间进度、责任人、参与人等，不要只流于表面，应该落到实处。

经过调整，进度应该有所增加。如果调整了行动方案后执行效果仍然不好，或者你感觉到过程中存在不合理之处，那么在进一步分析原因的基础上，可以质疑有没有高估自身能力优势或外在局势。如果存在这样的情况就应该及时降低目标难度。最常见的情况是：很多考研学生第一年填报的志愿过高，出分后才发现与初始目标相差甚远，有的考生后来接受调剂，有的则在落榜后的第二年填报与自己能力水平更相当的院校及专业。

三、在偶然中学习

评估调适建立在明确的职业目标和规划基础上，如果没有目标，计划评估将无从谈起。但是在很多时候，有很多事件是在人们的计划外的。这类情况的发生，好像一下子打乱了原有计划，似乎没法进行评估。

要知道评估与调适不仅是一种分析工具，更是一种从过去经验中进行学习的方法。对于那些"计划外"的偶发事件，人们首先需要做到接纳、不排斥，然后还要意识到每个偶发事件中都可能蕴藏着机会，应带着好奇、坚持、弹性、乐观以及冒险精神从偶发事件中挖掘更多有益生涯发展的机会，并将其转变为积极的学习经验，进而整合到自己的职业生涯中。

在偶然中学习需要开放的心态，即使是自己花大力气规划出的策略方案，也不要认为不可改变。例如，过去几年全球范围内最大的"黑天鹅"事件——新冠疫情。在当时的情景下，很多人原来的全职工作变为灵活的多份兼职工作；企业的很多传统线下业务也迅速转到线上，习惯了线下工作的员工都迅速习得线上直播等工作技能；还有很多在经济形势比较好时，计划跳槽的个体在经济下行时选择保守稳健型的职业规划。这些都是结合外部环境变化进行的目标和方案的调整。

反思、萃取、调适同样适用于偶然事件。通过观察这些事件，我们可以发现其中的规律和模式，分析个人在应对具体事件中出现的错误、存在的不足，厘清过程和原因，找出问题所在，从中汲取教训，并思考如何避免同样的错误再次发生。通过不断地积累经验和知识，人们可以不断提高自己的学习能力和适应能力，从而增长能力和智慧。

个人在职业生涯建构的过程中，要养成阶段性评估调适的习惯。

一是对日常工作学习中的重要事件随时随地进行分析评估，根据经验，那些"新鲜事物""重要事件""有价值事件""未达预期事件"特别值得复盘。比如，在第一次组织完一个重要活动、经历过的一次重要考试、一次不尽如人意的公开演讲之后，尽快分析学习，力求发现可改进之处，这样自身能力才能通过此过程得到锻炼、强化和提升。

二是定期对生涯规划的执行情况进行阶段性评估。参照总体目标，检查当前进展是否还在正轨上，或是出现了一些偏差或存在潜在风险，通过评估调适，可以迅速制定改进或补救的行动措施，以及对行动策略、运作机制和目标进行调整。

总之，评估调整是生涯规划与建构的重要一步。在评估调整实施一段时间后，可对评估调适的效果进行再评估、再调适，并根据实际情况，讨论后续改善措施。如此循环，不断优化生涯发展目标、策略与方案。

第十章　管理你的健康与精力

　　在"不确定"的时代背景下，"黑天鹅"事件闪现，严重影响了政治、经济、文化和社会稳定，个体的正常生活也受到极大扰动。为有效应对不确定性，保障生涯可持续发展，个体要基于自身优势，做好生涯发展与管理，科学管理健康与精力，积极统筹心理资本、社会资本和经济资本，尽力构建稳健的支持系统。

　　健康与精力管理是生涯发展的基础。进行健康与精力管理对于个人的成长、工作和生活意义重大。通过关注健康、调整生活方式、合理分配精力等，个人能较快适应变化，在提高工作效率的同时保持身心平衡，更好地应对"不确定"时代的挑战。

一、保持身体健康的秘诀

1. 保证充足睡眠

睡眠是一种复杂的生理状态。它不仅是一种休息和恢复精力的方式，还是大脑进行信息处理和重整的重要过程。研究表明，充足的睡眠具有清除代谢产物和氧自由基、增强免疫功能、巩固记忆、保护神经系统等作用。睡眠不仅是免疫系统更是调节系统，充足和高质量的睡眠还能帮助调整心态，缓解身体压力。

随着生活节奏加快，社会压力激增，睡眠障碍群体日益增多，严重威胁公众的身体健康。为打破睡眠障碍，获得高质量睡眠，个体要综合调节包括睡眠时间、睡眠周期、睡眠环境等多个方面的状态：

- 保证充足睡眠时间：18 ～ 65 岁的成人最佳睡眠时间为 7 ～ 9 小时；65 岁以上成人的最佳睡眠时间为 7 ～ 8 小时。

- 提高睡眠质量：良好的睡眠状态是睡足 4 ～ 5 个睡眠周期（非快速眼动睡眠期和快速眼动睡眠期交替一次称为一个睡眠周期，每个周期持续 90 ～ 110 分钟，每晚通常有 4 ～ 5 个睡眠周期）。

- 定点上床睡觉：调节生物钟，使身体适应一种稳定的睡眠模式。对于有睡眠障碍的人，这是要调整的第一步。

- 优化睡眠环境：选择安静和黑暗的环境，避免噪声和光线干扰，睡前避免使用电子产品，减少屏幕发出的蓝光对睡眠造成干扰。

- 注意睡前饮食：睡觉前几小时内避免摄入咖啡因、糖分和酒精等可能会影响睡眠质量的刺激性物质。

- 睡前放松身心：通过深呼吸、冥想等方式降低身体和心理的紧张程度，促进睡眠。

2. 均衡营养饮食

"民以食为天"，均衡的营养饮食能为身体提供所需的各类营养物质，包括蛋白质、碳水化合物、脂肪、维生素和矿物质等。这些营养物质在身体内有各自的作用，如蛋白质可以维持肌肉健康，碳水化合物能够提供能量，脂肪则有助于维持皮肤健康等。正所谓"身体是革命的本钱"，为了实现个人抱负，人们应当均衡营养，摄入充分、适当的营养物质。另外，根据 2022 年中国营养学会发布的中国居民平衡膳食宝塔图的建议，中国居民应平衡谷薯类、蔬菜水果类、畜禽鱼蛋奶类、大豆坚果类和油脂类五大类食物的膳食比例，如图 10-1 所示。除此之外，还要培养良好的饮食习惯，如在进食时细嚼慢咽、注重饮食安全等。

3. 适当科学运动

前面我们已经讲到了充足的睡眠是身体健康的基本保障，均衡的饮食为身体提供必要的营养物质和能量，而运动对身体健康的作用则是多方面的：从心肺功能的提升，到心脑血管疾病的预防，再到消化系统和呼吸系统的改善，运动都能发挥积极的作用。因此，为了身体健康，人们应保持规律的运动习惯。

运动按性质分，主要分为有氧运动和无氧运动。有氧运动是指身体的氧气供应能够满足身体的能量需求的运动，能够保持一定的持续性和节奏感，例如长跑、游泳、骑车、健身操等；无氧运动则是指身体在高强度下，无法通过氧气供应满足能量需求，导致身体产生乳酸堆积的运动项目，需要一定的爆发力，例如举重、冲刺跑、快速游泳等。

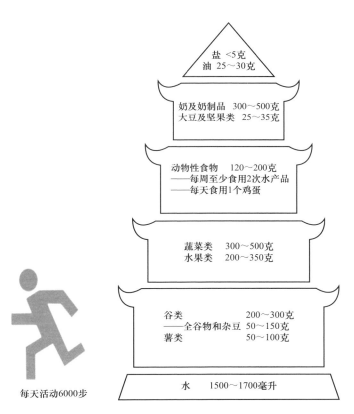

盐 <5克
油 25～30克

奶及奶制品 300～500克
大豆及坚果类 25～35克

动物性食物   120～200克
——每周至少食用2次水产品
——每天食用1个鸡蛋

蔬菜类   300～500克
水果类   200～350克

谷类   200～300克
——全谷物和杂豆 50～150克
薯类   50～100克

水   1500～1700毫升

每天活动6000步

图 10-1 2022 年中国居民平衡膳食宝塔图

中国传统的经典运动中特别具有代表性的有：五禽戏、八
段锦、太极拳等，它们都是动作缓慢且连贯的全身运动，配合
呼吸和意念提高身体的柔韧性和协调性，调理脏腑气血、畅通
经络、恢复代谢功能进而达到强身健体的功效。

在众多运动项目面前，个人应根据自身的身体状况和年
龄选择适当的运动方式，避免过度运动带来的伤害。总之，在

生涯管理中通过坚持科学运动，人们可以享受健康的身体和愉悦的生活，进而形成宝贵的健康资本。

二、合理分配时间与精力

时间和精力是生涯发展的重要保障，对其进行有效管理有助于人们更好地利用时间资源，保持充沛的精力和心理状态，提高效率，应对工作和生活中的挑战。那么，应该如何高效管理时间和精力呢？

这里为大家介绍"多角色时间精力四象限管理法"，下面通过一个案例来展示时间与精力的管理过程。

李明，智能科学与技术专业本科大三学生，其课程难度较高，课业任务较重，并且正在校级学生会任职某部门部长。他有考研想法，但是通过对考研目标院校专业课的了解后发现：考试科目中有两门专业课程在本科阶段并未学过，若要报考就需自学。此外，李明还有求职想法，经过对职场的初步了解，发现研究生在就业市场上并没有绝对优势，自己不想错过秋招这一黄金求职期和应届生身份，想在考研的同时也着手找工作。

1. 梳理现阶段主要角色

以大三为起点直到大四毕业，这一年内李明的主要角色是：大学生、学生会干部、考研者、求职者，他需要在这些角色之间灵活切换，并高效完成各种角色任务。

2. 澄清各角色下的生涯任务

李明在几个主要角色下要完成的生涯任务分别是：

- 大学生
  - 学好各门课程，完成本科学业
- 学生会干部
  - 完成学生会工作事务，带好学生团队
- 考研者
  - 自学两门考研专业课
  - 复习考研其他科目
- 求职者
  - 做好职业规划
  - 搜集就业信息
  - 参加校园招聘会、网申或现场投递简历、参加面试

3. 将任务分配入时间四象限

时间四象限的横轴是事情的紧急程度，纵轴是事情的重要程度，重要指的是事件对个人的长远发展具有长效价值，紧急则表明事情或任务安排需要在短期内或关键节点完成。象限将事件分为：重要且紧急、重要不紧急、不重要不紧急、不重要但紧急四个部分，如图 10-2 所示。

仔细分析李明的角色任务，可以做这样的划分：

（1）重要且紧急

"重要且紧急"指的是那些对个人具有显著影响，同时需要在短时间内迅速应对和处理的任务或情况。这类事件通常涉及重要决策、紧急任务完成、突发危机管理等。例如，个体需要在短期内参与期末考试、完成项目任务，快速实现预期目标等。因此，第一象限的事情应该快速投入时间、精

力去高效完成。

- 学好各门课程，完成本科学业（大学生）
- 完成学生会工作事务，带好学生团队（学生会干部）

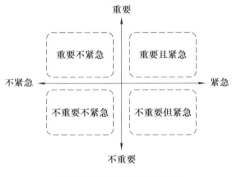

图 10-2　四象限法则图谱

继续完成学期内的专业学习，拿到好分数，保证按时毕业，在保研等环节获得成绩优势，这不仅是大学生的本分还是进一步发展的基础，重要且紧急；作为学生会的干部，管理着学生会的重要部门，带领着该部门的学生团队，要肩负起学生干部的责任，保质保量完成工作的同时还要为团队其他成员树立榜样，同样重要且紧急。

（2）重要不紧急

第二象限中的"重要不紧急"的任务可能不会在短期内产生直接的紧迫性，但它们对于个人的学习、成长、发展及长期目标的实现具有关键性价值。例如，学习新技能、规划个人财务、建立人际关系等。第二象限中的任务还往往具有积累效应，无法一下子完成，需要通过持续投入时间和精力、经过长期坚持才能达成，但一旦达成，个人将实现长足的进步甚至是质的跃迁。可见，第二象限的重要不紧急事件才是最应该重视的具有长效价值的事件。

按照这个标准对李明的角色任务进行梳理，以下内容可以被划分到第二象限：

- 自学两门考研专业课（考研者）
- 复习考研其他科目（考研者）
- 做好职业规划（求职者）
- 搜集就业信息（求职者）
- 参加校园招聘会、网申或现场投递简历、参加面试（求职者）

这些任务主要集中在考研者和求职者这两个角色上，它们看似没有那么迫在眉睫，短期内若不完成看不出任何负面影响，可一旦完成将对个人发展带来质的飞跃。

考研复习是一个长期漫长的过程。随着近年考研人数激增，考研难度增大，大多数考研者需要提前一年着手复习。就李明的情况而言，他除了要复习英语、政治等公共课之外，还要自学在大学期间未曾修过的专业课，难度系数就更大，如果没有长时间的、专注的投入，将无法完成这个目标。

然而，近年来研究生在就业市场上并没有绝对优势，一些用人单位看重的是求职者的专业优势和解决问题的能力，对于本科或研究生学历并没有硬性要求，而是会择优录用合适的人选。因此李明想抓住秋招黄金期以应届生身份求职，也是一个明智之举。做好职业规划，明确求职目标，持续关注就业信息，定期参加招聘会，在时间和精力方面不会占用太多，但却是在求职者角色下应该做的重要之事。

（3）不重要不紧急

第三象限中的"不重要不紧急"的事件是指那些既与当前主要目标无关，又没有时间压力的事务。包括一些休闲娱乐活动或个人兴趣爱好的追求，多属于休闲放松项目。这类事务通常不会对日常生活或工作产生即时或显著影响，因此它们往往被放在次要的位置。如参与无意义的闲聊或争论、浏览社交媒体上的娱乐新闻或无关紧要的信息等，不需要投入过多的时间和精力。

在李明的系列任务中，"不重要不紧急"事件没有被列举，因为休闲者不是他现阶段的主要角色。在时间紧张的情况下，休闲娱乐、兴趣类的事情虽然可能有益，但并不直接导向学业和职业发展，应该尽量压缩，把宝贵的时间留给重要的事情。不过，在繁重的学习、工作之余，适当做一些能放松身心的事情，调节情绪和身体节奏，更有利于长期坚持。

（4）不重要但紧急

第四象限中"不重要但紧急"的任务是那些需要快速处理，但对长期目标或整体成果影响不大的事务，例如一些突发的、非学业或职业发展的杂务。比如：突然的电话或消息回复、紧急的行政事务、快递签收等。这类事务可能会打断工作节奏，但如果处理得当，也不会对整体效率产生太大影响。在李明的事件中并未列入"不重要但紧急"的事件，但在现实生活中不重要但紧急的事情却不可避免，面对这类事务时要做好时间块管理，例如可以利用碎片化时间集中处理。

4. 绘制精力波点图

（1）绘制精力波点图

精力波点图是一种用于精力管理的视觉工具，它可以帮助个人了解自己的精力在不同时间段的波动情况，从而更加合理地安排时间和任务，如图 10-3 所示。纵轴代表的是精力值，横轴则是时间轴。精力值的最高值为 10，最低值为 0。其中，0～3 为低精力区，4～6 为中精力区，7～10 为高精力区。横轴表示一天的时间即 24 小时，以小时为单位进行标示，可自行设置起点值。通过绘制精力波点图，可以直观地看到个人精力峰值和低谷，以及在不同时间段内精力的状况：

- 以一周为单位，记录自己的精力情况；
- 找出精力波动平均周期。

以李明为例，假设他通过记录找到自己的精力状况在一天内的变化规律：一天 24 小时中，8:00—11:30、14:30—17:30、19:30—21:00 是三个精力峰值时段。12:00—14:00、18:00—19:00、21:30 后是三个精力低谷时段。

（2）在象限内对任务进行优先级排序

人的精力是有限的。以精力管理为基础，在任务分配中，高精力值点应放置第一象限和第二象限中的重要任务，确保其得到优先处理。低精力点应放置不重要不紧急或不重要但紧急的事件，为重要的任务留出足够的时间。还可以根据任务的截止日期、对个人目标的影响程度以及其他因素确定任务的精力优先级，实时调节与规划任务的精力分配，合理分配时间和资源，更加高效、高质量地完成任务，更好地迎接工作与生活的挑战。

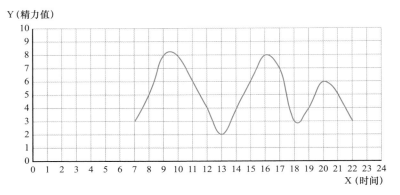

图 10-3　李明的精力波点图谱

　　在李明的多角色时间四象限分布图的基础上,考虑精力
因素后,任务设置如图 10-4 所示。

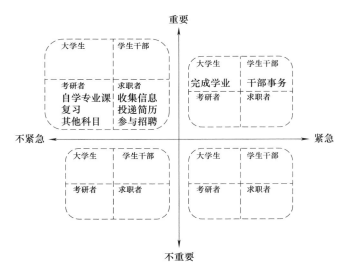

图 10-4　李明的多角色时间精力四象限管理图

上午 8:00—11:30 的第一个精力峰值时段进行第一象限中的本专业学习或第二象限中的考研专业课学习；

11:30 之后，可以安排休息，期间转转招聘会，投投简历等。求职的事情不用每天做，但要把握好节点，以每周为单位，有计划地进行。如，有些学生会选择距离招聘大厅比较近的自习室，在学习的间隙到招聘会现场学习、观摩、投递简历。这个时段还可以安排优势学科的复习，由于精力有所下降，复习一些难度较小或基础较好的科目更为可行。在精力管理中还非常推崇左右脑的切换调节，如，前一个时段进行逻辑性较强的工作，下一个时段就可切换到学习语言文字类任务，交替学习是有效恢复精力的方法。

12:00—14:00 这个精力低谷期，可以午休，也可以集中做一些第三象限、第四象限的不重要的工作。

14:30—17:30 进入了一天中的第二个精力峰值区，要么安排重点学科的学习，要么从事学生会工作。由于学生会的工作一般是在下午放学到晚自习开始前的时段进行，所以将学生会工作安排到这个时段还可以照应到其他同学的时间。

18:00—19:00 是又一个精力值的低谷，晚餐后，适当运动、放松，有利于精力的恢复。

19:30—21:00 是一天中的最后一个精力充沛的时段，同样安排难度最大的专业课程的学习和考研科目的复习。

21:30 之后就是忙碌一天后的休息时间了，上网搜集就业信息，浏览社交媒体，看看同道中人的考研及求职生活，做一些舒缓的运动保持健康体魄，都是有效的放松方式。

22:30 可以进入入睡准备，要知道高质量充足睡眠才能保障精力如期恢复。

　　以上是一个大学生的时间和精力管理个案，其实除了学生时代角色比较单一，主线任务是学习以外，个体随着年龄的增长，生涯角色会逐渐增多，特别是进入职场后一方面要完成本职工作，另一方面还要积极构建未来生涯，在如今各行各业精细化、高质量发展的趋势下，必将成为"活到老，学到老"的终身学习者。

　　例如职场妈妈这个群体，既是职业人，又是孩子的母亲。她们热爱工作，渴望在职业领域中自我实现，期望走到高处领略更美的风景；但在生活中，又要照顾孩子，还有方方面面的事务需要去协调处理，被形象地比喻为"三明治"或"夹心饼干"。由于这些重要角色无法割舍，时间和精力状况就更显局促，常常产生"心有余，而力不足"的感觉。多角色、多重任务者就更需要合理规划生涯目标，掌握时间管理这一技能，通过规划精力分配，合理安排作息，严格自律，才能有效提升自己的精力管理水平，保持体能充沛、情绪良好、注意力集中，才能实现更高质量的生涯状态。

第十一章　建设你的心理资本与社会支持系统

　　心理资本不仅能够提高个体的工作表现、心理健康和人际关系，还能激发和提升个体的内在潜力和竞争优势。因此，应该重视心理资本的培养和发展。

一、心理资本的重要性与培养方法

1. 心理资本的含义

　　心理资本是指个体在成长和发展过程中表现出来的一种积极心理状态，是超越人力资本和社会资本的一种核心心理要素，是促进个人成长和绩效提升的心理资源。研究发现，相比于社会资本和人力资本，心理资本更加能积极地促进主观职业生涯成功。因为心理资本关注个体的内在心理资源，具有更强的内在驱动性、适应性和灵活性，以及长期的影响。在职业生涯发展中，重视和培养心理资本对于实现主观职业生涯成功具有重要意义。

2. 心理资本的核心构成要素

心理资本主要有四个核心要素：自我效能、希望、乐观、韧性。

自我效能又称自信，主要是指个体对自身能够成功完成极具挑战性的任务的信念，其主要影响个体面对困难挑战时的态度和行为。

希望是个体对于未来的一种期待，对于美好未来的一种向往，它能激发个体追求成功的内在驱动力。

乐观是个体面对困难或挑战时的积极心态和信念，相信自己能够克服困难并取得成功。

韧性是一种难能可贵的品质，是个体在面对逆境或挫折时，能保有初心，始终坚持原本的目标。

四个要素相互作用、相互影响，共同构成了心理资本这一积极心理状态。

心理资本对于个体的成长和发展具有重要意义，能帮助个体更好地应对挑战和压力，实现目标和梦想。有关心理资本的核心要素研究还发现，战略型科技创新人才的心理资本包括使命感、自信、专注、韧性和超越五个要素。

生涯人物：去外太空"出差"的小镇学子桂海潮

36岁博导桂海潮去外太空"出差"，别人都认为他是不是有什么特殊背景，其实他来自云南保山施甸县姚关镇的一个小山村。从小乡村到县城，再到大城市。这一路走来，桂海潮都带着自己的理想不断奋斗前行。高考那年，桂海潮以县城理科第一名的成绩考上了北京航空航天大学宇航学院飞行器设计与工程专业。9年时间，他一路从本科攻读完博士学位。

在前往太空之前，桂海潮一直保持着锻炼身体的习惯，长跑、骑自行车、游泳等体育运动都很擅长。"很有毅力，身体素质特别好！"大家眼中的桂海潮乐观又豁达，很少被负面情绪侵扰，即使受到挫折也能很快振作，满怀激情地投入到工作中去。桂海潮的自我效能感极高。同时，他又是非常乐观、极具希望、韧性十足的人。据桂海潮回忆，选拔时需要通过6个G的超重测试，但最终的训练目标要达到8个G。另外一个项目是转椅，每一次做完转椅科目以后，走路都感觉到天旋地转。此外，潜水、沙漠野外生存挑战、睡眠剥夺试验等训练项目也都充满挑战。但他始终没有气馁，凭借强大的心理资本，通过一系列训练，达到了一级航天员的水平。20年来，那颗"空天报国"的种子已苗壮成长。随着神舟十六号载人飞船发射，桂海潮也圆梦九霄。

南京航空航天大学已将培养大学生的使命感作为职业生涯教育的重要内容。通过培养大学生的使命感，打开他们的视野与格局，将学生的个人职业与国家发展、民族振兴结合起来，激励他们在追求时代使命、社会责任的过程中以坚定的决心、坚韧不拔的毅力，不断学习技能、积累经验，并以积极的视角看待问题和挑战，力图寻找解决问题的方法和途径。

3. 如何提升心理资本

（1）培养自信，提升自我效能感

自我效能感，最早由加拿大心理学家阿尔伯特·班德拉提出。它是指个体在进行活动前，对自己能否成功完成某一行为的主观判断。简而言之，即个体对自己能够成功的信念。

培养自信心，提升自我效能感的关键在于通过实际行动去体验成功，不断积累成功经验，这些能使个体获得极大的自信，自信又会促发自我效能感，让个体继续去实践、挑战其他事件。在此过程中，个体不断得到正向强化，形成良性循环，因此，个体要多做事、做成事，在一个个成就事件中积累经验，增长自我效能感。

特别是缺乏职场经验及社会经验的青年就业群体，更需要有意识地在真实职业场景中，通过做事和有反馈地刻意练习，来积累自身的成就事件及代表作。从策略层面来说，个体可先从简单的小事做起，逐步挑战更有难度的复杂任务，由简入繁积累成功经验，这样自信心才能逐步建立。"自信源于能力，并与能力相辅相成"。能力越强越自信，越自信能力就越强，自信心的建立不能仅仅依靠精神胜利法，还要直接作用于源头。

（2）正向暗示，获得希望感

希望感是心理资本的重要构成要素之一。美国心理学专家斯奈德认为希望是一种积极的动机状态，是在成功的动因与路径交叉产生的基础上形成的。简而言之，希望是在目标与实现目标的计划的基础上形成的一种动机状态。这种动机状态会促使个体增加实现目标的信心，从而为完成任务不断付出努力。希望感的获得可以向内也可以向外，但究其根本原因在于个体自身内心的丰盈，愿意期待未来的美好和向上向善的变化。

因此，本书给出了一些增加希望感的方法：

- 灌输希望。个体通过将自己过去的故事进行整合总结，提取其中带来希望的元素，分析这些希望是如何产生的、消退的，从中汲取经验和力量。

- 确立符合价值观的、适宜的、清晰的目标。充分探索和了解自己的兴趣和价值观，选择趋近目标而非回避目标，且目标一定要清晰具体。
- 加强路径思维。个体可以通过将远大目标分解为小目标，寻找多种达到目标的方法和渠道。
- 加强动力思维。个体可以回顾过去的成功经验，也可以转变思维的方式，还可以选择更符合现实实际的目标来培养个体的动力思维。

（3）积极归因，保持乐观

心理学家韦纳从认知心理学的角度将成功和失败的原因分为三个维度（内部的和外部的、稳定的和不稳定的、可控的和不可控的）和六个要素（能力高低、努力程度、身心状况、工作难度、运气好坏和外界环境），其中，对于个体而言，只有内部的努力程度是唯一可控的。举个例子，若将求职失败归因于不稳定的外部环境，如经济不景气、竞争激烈等，个体的就业积极性会受到打击，容易对再次择业失去自信和动力。

如今经济增长进入平缓期，就业机会相较于经济高速增长期有所减少。加之中国正在进行产业结构升级，传统的劳动密集型产业正在调整、转移，技术含量低、仅靠简单劳动就能轻松获得的岗位越来越少，而对从业者有较高技术要求的岗位正在逐渐加大比例。也就是说一个没有经过系统学习、培训，未能掌握一定知识、技能的个体在就业市场上不再具备优势。

在这种情况下，如果一个人只是一味地抱怨外部环境——"就业形势"不好，而没看到职业市场需求的变化趋势，没有利用身边资源不断提升甚至是革新自己，就会被职场淘汰。相反，如果个体能正确归因，并且相信只要保持对新趋势的关注、对新技术的学习，让自己跟上时代的步伐，就能提高自身竞争优势，在不断变化的职场中占据有利地位。

（4）提升复原力，增强心理韧性

相关研究发现：心理韧性与积极情绪、生活满意度、主观幸福感具有正相关的关系，与消极情绪呈负相关。可见，心理韧性对个体生活具有重要影响。个体如果有较强的心理韧性，那么其积极情绪、生活满意度和主观幸福感都较高。

研究还发现，心理韧性水平越高，个体面对就业压力的焦虑程度就越低；反之，则可能伴随着较高的择业焦虑。因此，要减少择业焦虑和在工作中的消极情绪，就需要个体有较高的复原力和较强的心理韧性。

研究表明，心理复原力的提升需要从两个方面入手，一方面是培育个体的心理安全感，另一方面是发挥社会支持对心理复原力的补偿作用。具体而言，需要通过增强自我意识、学会应对压力、建立积极的自我对话、培养乐观态度等措施来培育个体的心理安全感。同时，为发挥社会支持对心理复原力的补偿作用，还需要建立良好的人际关系、寻求专业支持、参与社区活动等。总之，心理复原力的提升既要向内探求，也要向外求助，进而增强心理韧性。

二、建构有效的社会支持系统

社会支持系统，又称社会关系网，作为心理学专业词汇于 20 世纪 70 年代被提出，它作为一种外部支持系统，对个体生涯发展起着至关重要的作用。

1. 建构社会支持系统的必要性

（1）何为社会支持系统

社会支持这一概念被广泛运用于社会学、心理学、伦理学、精神病理学等多个领域，各个领域对其概念界定有一定差异。但总体上看，研究者一致把社会支持分为客观的支持和主观的支持，也就是物质支援和精神支撑。社会支持系统，就是个体在自己的社会关系网络中，能够获得的来自他人提供的客观的和主观的支持，也就是他人的物质支援和精神支撑。这些支持能够帮助个体发挥积极作用，帮助其建立良好的人际关系，有效预防各种"不确定"事件的发生。

（2）社会支持系统是可以建构的

林崇德认为社会支持来自家庭、亲友和社会方面（同学、组织、团体和社区等）对个体的精神和物质上的慰藉、关怀、尊重和帮助。由此可得，社会支持系统需要建设家庭、亲友和社会等多方面的关系，并且社会方面的关系建立是个体可以根据自身情况选择的，是可以构建的。

大家可能听说过"五只黑猩猩原理"，它是说，如果需要了解一只黑猩猩的行为特点，只需要了解它平时和哪五只黑猩猩在一起即可。这也表达了社会支持系统的价值，从而推演出一种人生算法：你的财富和社会阶层，取决于你一生交往最密切的五个人，五个人的平均值就是你的实际状况。因此，个体要用心甄别与筛选这五个人，提升平均值，为生涯发展储备人脉，建构更为强大的社会支持系统，为下一步职业发展做好准备。

2. 如何建构社会支持系统

（1）用资源取向的眼光看待他人

在人际交往中如果过于关注他人的缺点和不足，就会忽略他们所拥有的能力和资源，导致对人的评价过于片面，甚至可能产生偏见和歧视。资源取向是指多看到别人的优点、闪光点、积极面，发现别人与自我的差异并正视这种差异，需理解到——"差异即资源"。有差异，人们才能从"不同"中学习；有差异，人与人之间才能形成互补。例如，不同的观点能为人们提供看待问题的多个视角；不同的处事风格，能为我们找到更多解决问题的可能性。

当人们采用资源取向的眼光去看待别人时，心态就会发生积极的转变，认识到每个人都有自己的独特价值和贡献。资源取向眼光看待他人是一种积极、乐观的心态，这种心态使人们更加开放和包容，愿意与他人建立积极、平等和互信的关系，是和谐人际关系的基础。在建构社会支持系统时，善于发现他人的优势是对他人价值的认同，常常看到他人的优点、资源、能力和潜力，不轻看任何人，才能为自己储备人脉资源奠定基础。

（2）主动贡献价值点，实现价值交换

在社会支持系统的建构中，要梳理自己相对于他人的价值点，盘点你能够给你的交往对象提供哪些精神上或物质上的帮助，以增加交往的主动性。俗话说"欲取必先予"，个体要有一颗乐于助人的心，在人际互动中适时主动提供价值，开启自己与他人的连接通道。

有人认为与人交往一定要花费物质，其实价值点不仅包括物质也包含信息甚至是情绪价值。丹尼尔·平克在《全新思维》一书中提到：娱乐感，是一种典型的情绪价值，给人带来欢乐与放松。在紧张的工作氛围中，一个充满娱乐感的同事，会用幽默风趣的语言或行为缓解紧张气氛，让周围人放松愉悦。在未来职场，随着工作压力的不断增大和竞争的日益激烈，具备娱乐感的人将更受欢迎。他们不仅能够为团队带来欢乐和活力，还能在关键时刻以乐观的心态鼓舞士气，帮助团队渡过难关。

在有困难的时候，个体应该在明确自己的需求和问题后主动地、有针对性地寻求他人的帮助。这并不意味着放弃自己的责任和能力，而是一种智慧和勇气的体现。因为这一举动不仅能够让人们更快地找到解决问题的办法，还能在求助的过程中建立更紧密的人际关系，如时常保持谦虚和感恩的心态，学会在合适的时机和方式下回报他人的帮助，从而形成良性的价值交换循环，进而增强彼此之间的信任和合作。

（3）找到生涯榜样或职场导师

社会支持系统的成员体系中，不仅需要同路人，更需要引路人，因此要积极寻找生涯榜样和职场导师。生涯榜样可以离我们很远，也可以离我们很近，较远的生涯人物也许是通过媒体的相关报道了解到的，看了他们的生平事迹后为之感动、深表佩服，希望有一天能成为他。

比如，任正非先生，华为技术有限公司主要创始人。华为如今已成为国产科技的中流砥柱，影响力极大。在经历卡脖子的芯片危机后，华为快速实现产品的迭代升级，让欧美科技市场对中国的这家企业肃然起敬。作为生涯榜样，当我们了解任正非的成长岁月，发现他度过了一个贫困的童年。尽管家中还有 6 个兄弟姊妹，生活极其贫苦，他也没有放弃读书，最终毕业于重庆建筑工程学院（现重庆大学）。后到国企工作，但因被骗 200 万元被公司解雇。不惑之年的任正非不破不立，借了 2 万元钱到深圳创业，成立华为。之后，华为经历了人才流失、国内公司围剿、港湾竞争、海外市场的驱逐、芯片危机等一系列的挑战，但是任正非凭借奋斗不息的精神，带领华为跻身世界五百强。生命不息、奋斗不止也是任正非先生的真实写照。他身上的企业家精神、家国情怀，值得每个人学习。

再比如，袁隆平院士。1995 年当选中国工程院院士，2001 年获得国家最高科学技术奖，2013 年获得第四届中国消除贫困奖终身成就奖，2019 年获颁"共和国勋章"。袁老被誉为"杂交水稻之父"。一生致力于杂交水稻的研究、推广与应用，发明"三系法"籼型杂交水稻，成功研究出"两系法"杂交水稻，创建了超级杂交稻技术体系，为我国粮食安全、农业科学发展和世界粮食供给做出杰出贡献。他曾说："哪有搞科学研究不失败的？失败了就失败了。我这是在探索，跌跤就跌跤，我爬起来再干就是了。"2023 年 5 月 24 日，"袁梦计划"4.0 在兴安盟袁隆平院士工作站正式启动,力争"十四五"期间在兴安盟全盟示范推广优质水稻 30 万亩至 50 万亩、旱作水稻 20 万亩、耐盐碱水稻 20 万亩、建成种源基地 10 万亩,让科研成果更多惠及群众。这是一个"水稻之子"接续"水稻之父"的梦想:做强种业"芯片"、端牢"中国饭碗",这样的梦想在新时代的激荡之下越来越清晰。袁老用一生追逐"禾下乘凉梦",他的不懈坚持、敢于挑战、勇于追梦的生涯精神值得传颂与发扬。

在我们身边,也会有许多榜样人物。学生时代,我们总会将身边优秀的同学作为榜样,向他们取经学习。如果周边人在升学、就业等方面成功了,也会增强正在经历者的信心。这是因为身边同学、朋友是人们的"最近发展区"。寻找身边的榜样人物,为自己设置跳一跳才能够得着的任务,这样才能促使自己不断向最近发展区靠近,不断成长。

职业导师应该是与你在同一行业、相同专业的前辈。在一些企业中新员工入职都会给他们分配"师傅""教练",这是组织指定的职业导师。年轻人应该虚心向职业导师求教,他们的经验和知识是宝贵的财富,通过向他们学习,不断提升自己的能力和素质才能更快地成长和进步。同时,人们也应该保持积极的学习态度和良好的职业素养,尊重导师的意见和建议,注重与导师建立良好的关系,通过与导师的深入交流和合作,为自己的职业发展提供更多的借鉴和启示。除此之外,如果在职场遇到了特别想学习和跟随的人,个体要勇敢地、主动地、真诚地请他们做自己的职场导师,那什么样的人适合做职场导师呢？他们通常需具备以下条件：

- 对行业和公司有深入的了解
- 具备卓越的专业能力及沟通力
- 关注年轻人成长、成才，愿意提携年轻人
- 有正确的人生观、价值观，传播正能量

把他们吸纳成为自己的"生活俱乐部会员"，定期向他们请教，认真听取他们的反馈和建议，借助他们的引领、示范，指导支持自己的生涯发展。

首先，明确学习需求与目标，梳理个人职业发展路径，与导师沟通学习期望，以便导师为你提供更有针对性的指导。其次，建立有效的沟通机制，设定固定的交流频率，如每周或每月一次，以便及时分享工作进展和学习心得。再次，积极参与实际项目与任务，向导师表达参与其负责项目的意愿，通过实际操作来深化对行业的理解和技能的掌握。在项目中主动承担一定的工作任务，通过实践锻炼自己的能力和积累经验。最后，做好学习笔记与反思。每次与导师交流或参与项目后，及时记录学习心得和体会，并回顾自己的学习过程和成果，总结经验教训，为未来的学习提供借鉴。总之，向职场导师取经、学习是一个持续不断的过程，需要个体保持积极主动的心态和行动。

（4）加入高质量社群

加入高质量社群就是与志同道合的人为伍，共同朝着目标前进。社群成员不仅能分享资源，而且可以通过持续性的活动帮助彼此成长。正所谓一个人也许能走得很快，但一群人才能走得更远，这就是群体或者团队的力量。人无法选择自己的

出身，但是可以选择自己想要停留的圈子。个体想要成为什么样的人，就应该选择加入什么样的圈子。

在互联网高速发展的今天，互联网技术拓展了人们的结交方式和渠道，使得志趣相投的人即使不能面对面，也能够建立连接，让个人有了突破地域、行业、现实社交圈壁垒的可能性。比如，学习类社群采用线上课程（录播＋直播）＋社群答疑＋社群活动的学习模式，就是将对某一领域感兴趣的学习者集合起来联机学习、交流互动、提升学习效果。除了线上社群，还有各种线下社群，以得到高研院为例，学员需要经过面试且合格后，付费才能参加一系列课程活动，包括但不限于课程学习、技能学习、热点讨论等，学习者通过课程学习，完成布置的课程作业，课堂上小组交流讨论，线下进行实践体验，让参与成为一种习惯，形成了完整的学以致用的闭环。

除了学习社群，还有一些兴趣类社群，如同城演讲俱乐部、跑马兴趣小组等，社群定期组织活动，成员定期见面，维持连续性交流，让人们在社会交际、人际互动中既享受了兴趣爱好带来的乐趣，也实现了见识的增长和人脉的扩展。

（5）注重人际"弱连接"

社会资本中的"强连接"和"弱连接"是两个至关重要的概念，它们在个人发展中扮演着不同的角色。理解这两者的差异和它们对个人发展的作用，有助于人们更有效地利用社交网络，促进个人成长和成功。

强连接通常指的是与人们关系紧密的人，如家人、亲密朋友、长期同事等，他们往往是一个人遇到困难时首先寻求帮助的人。然而，弱连接在个人发展中同样具有不可忽视的作用。弱连接指的是关系较为疏远的人，如社群中的这些志同道合的人、偶尔交流的同事、朋友的朋友等。这些关系可能并不深入，但它们的存在为人们提供了更广泛的信息来源和社交机会。弱连接能够帮助个人接触到不同的观点、信息和资源，从而起到拓宽视野和知识面的作用。此外，弱连接还可能成为职业发展的桥梁，将人们与新机会和新伙伴连接起来。因此，在万物互联的时代，在建构社会支持系统时应注重人际关系中的"弱连接"，有意识地构建自己在行业中的知名度、建立良好口碑、结识关键节点上的人物，主动出示自己的价值，为"弱连接"功效的发挥创造条件。

（6）重视家庭资源

家庭资源最早起源于中国的"家"文化，以家庭为单位，家庭成员为主体，形成精神文明与物质文明的交融。这种文化是基于血缘、地缘、亲缘关系而形成的家族意识。家庭成员间天然有较为紧密的联系，成员间的利益高度一致，比较会设身处地为彼此考虑，并尽可能提供物质支持和精神鼓励。

在家庭资源中，家庭能够给个体提供三方面的支持：功能支持、情感支持和教育支持。功能支持主要是各种物质方面的较为实质性的支持，包括但不限于经济支持，例如提供吃、穿、住、用、行等基本生活需求。情感支持主要是给予个体充分的情绪价值。正所谓家是避风港，家庭的情感支持往往能够帮助个体在面对困难或逆境时，快速走出阴霾，积极解决问题。教育支持不仅是单纯的教育经费支持，更重要的是对子女作为人的教育，如培养他们的独立能力、社会责任感和思维能力等。总之，功能支持、情感支持和教育支持是家庭资源要素的三大核心，构成了家庭的基本功能和社会功能，有助于家庭成员的可持续化发展，个体在职业生涯发展中应重视从家庭中获得支持及资源。

（7）寻求专业支持

专业支持是指在遇到问题时，向该领域的专业人士寻求帮助，从而高效率地解决问题。专业人士不仅能够提供高质量、高效率的服务，还能提供持续的技术支持。比如当前比较热门且能提供专业支持的领域有：心理健康咨询、家庭教育咨询、法律咨询和生涯规划咨询等。

以职业生涯规划咨询为例，当人们面对发展的困境，不愿意向熟悉的人透露，或者身边人暂时不能给予较好的支持时，向专业的生涯咨询师寻求帮助则是一个明智的选择。他们不仅是职业发展领域的专家，掌握较为精准的行业职业信息，还精通职业规划的方法，并且对待来访者积极倾听、无条件接纳……在他们的专业支持下，个人的职业困惑都会得到不同程度的缓解。

在个体遇到困难时，寻求社会支持系统的帮助是一种有效的方式。社会支持系统的有些部分天然存在，有些部分则需要自己用心去搭建。总之，个体要通过以上途径尽量找出能够支持、理解、鼓励并欣赏自己的人，努力打造和耕耘自己的社会支持系统，直到它能给到正向回馈，让你感觉到踏实、有所依靠且被祝福。

第十二章　财富积累与职业成长

　　财富是生涯发展的基础，是生涯持续的动力。但是，新生代年轻人的一些财富观却阻碍了他们职业生涯的可持续发展。例如，很多人有超前消费的习惯，现金流不够时求助于唾手可得的金融信贷。这种超过自身承受能力的消费模式，对个人的职业生涯发展进行了捆绑，因为背负了过多债务，需要不停地工作，导致身心疲惫，甚至出现身体疾病，导致职业生涯中断。再如，一味追求"高收入"的工作，陷入了对职业的单一评价，让他们错失更好的发展机会；一夜暴富的心理也让很多人不能安心、踏实工作，做事半途而废。青年人只有树立正确合理的财富观，建立量入为出的消费观，积累生存保障资金，持续投资自我，才能走上生涯增值的良性发展之路。

一、建立正确的财富观与消费观

1. 财富观

马克思指出："财富……不过是通向真正人的现实的道路……"可见，财富不仅作用于社会生产力发展，对个人的发展也发挥着积极的作用。人的自由全面发展离不开一定的财富基础，财富创造与个人发展是一个统一的过程，正是在财富创造的过程中，人的身体、力量、品质、交往与语言等才逐步得到全面发展。当然，财富不仅包含物质财富和精神财富，还包括社会责任和人际关系等。要促进自我的全面发展，财富积累必不可少，个体要学会客观、正确看待财富的作用，有意识地积累财富，为自我全面发展奠定基础。

基于马克思的财富观，建立正确的财富理念，可以从以下几个方面着手：

- 理解财富的本质。马克思认为，财富不仅仅是物质财富，更包括精神财富。因此，在追求财富的过程中，我们不仅要注重物质财富的积累，更要注重精神财富的培养。
- 要认识到劳动是创造财富的根本途径。应该尊重劳动，通过自身的努力工作和不断学习提升自己的劳动能力，从而创造更多的财富。
- 要树立正确的财富观、人生观、价值观。在追求财富的过程中，要始终保持对社会的责任感和对他人的关爱，将个人发展与社会发展相协调，实现个人价值与社会价值的统一。

2. 消费观

近年来，消费主义思潮蔓延，各种商业广告铺天盖地，如电视广告、交通工具广告、墙体广告、杂志与报纸广告、明星直播带货、探店计划、搜索引擎广告等。还未建立稳定价值观的人们可能会误以为，只有购买昂贵的商品才能获得满足与快乐。存在攀比心理的人，在社交压力下，凭借大品牌来彰显自己的独特个性。再加上，唾手可得的网络贷款平台在给大众消费和生活带来便利的同时，也产生了诸多危害。如全国校园网贷诈骗案件被骗人数众多，金额巨大，更有甚者，因为超前消费急需填补资金漏洞，陷入裸贷陷阱。

因此，为了个体生涯的可持续发展，在树立正确的财富观的同时，还要树立合理的消费观。

- 明确自身的经济状况，根据自身经济条件合理分配预算。
- 加强对投资和理财相关知识的学习，提高自身的财务管理能力。
- 精准识别购买需求，平衡收入与支出，做到量入为出，避免落入消费主义陷阱。
- 养成储蓄习惯，为自己积累生存基金。

二、搭建多层财务结构

可持续的职业生涯发展需要稳健的财务结构作为支撑，各种"黑天鹅事件"是对大家财务规划能力的考验，要做到遇到突发事件不恐慌，就需要准备好足够的生存基金；在职业上要有跃迁，就需要在才干优势方向上不断学习并投资自己；要追求生涯愿景，还需要有梦想基金的支持，如图 12-1 所示。

图 12-1　多层财务结构

1. 积累生存基金，以备不时之需

生存基金是一个金融概念，也是一种储蓄机制，旨在为个体或家庭在未来的某个时间段提供一定的经济支持，以确保满足基本的生存需求。这种储蓄通常针对两种情况，一种是未来生活的必需，如：退休养老、子女教育、医疗费用、紧急情况等；另一种是"不确定"时代下面对突发事件进行紧急应对。

"黑天鹅"事件难以预测，一旦发生却又会对个体和社会产生重大的影响，比如：自然界的"黑天鹅"事件有地震、海啸、洪水、飓风等；政治方面的"黑天鹅"事件有战争、恐怖袭击等；经济方面的"黑天鹅"事件有：金融危机、房地产泡沫等。个体为应对"黑天鹅"事件，要学会未雨绸缪，提前做好生存基金的积累，避免陷入生存困境。

在"不确定"时代，为了个人长远的生涯发展，积累生存基金是确保个人未来经济安全的重要措施。个人可以养成固定的储蓄习惯，设定明确的储蓄目标，明晰储蓄金额。同时，还要将鸡蛋放在不同的篮子里，采用多种理财方式，以降低风险并提高整体收益，为未来生活提供有效的经济保障。

2. 持续学习投入，提升职业优势

"不确定"时代基于优势的职业生涯规划中，特别提倡自身优势的构建与发挥，优势的养成公式"优势＝才干（天赋）×投入"告诉我们：个人要在锚定自身才干的基础上持续多方面投入，以发展出个人优势。在职场，优势被认为是职业成功的关键因素，尤其是在团队中，每个人或组织都发挥自己的长处，才能实现更大的目标。

如何打造长板，如何让长板更长？这离不开多方面的持续投入，个体要有投资自己的意识和行动，比如将每年收入的固定比例作为投资基金，拿这笔钱去学习一直想学但还没学的课程、去参加职业新技能的培训、去拜见职场导师或前辈、去提升自己的职业形象，去一直想去的地方旅行……总之，通过这些投资增强职场技能，开阔人生眼界，调整身心状态，提升自我价值，打造竞争优势，增强不可替代性，以获得更多可持续的发展。

当然，制定适合自己的投资和资金分配方案，必须结合自身的收入状况与风险承受能力。

3. 助长生涯愿景，美梦终究成真

生涯愿景是人们对于未来美好生活的憧憬。"你想成为什么样的人？""你想过什么样的生活？""你想实现什么价值？"这些看似宏大的愿景既包括职业，也涵盖生活；既指向个人，也包含关系。可以说生涯愿景是由一个个阶段性愿望组成的。

很多人都有自己的心愿清单。清单里的事项可能小到为自己或他人买一个礼物、"去向往已久的地方旅行"或是"去听一场演唱会"，大到"让中国人吃饱饭""创办一所能让山区女孩免费读书的中学"等。可以说，每个心愿都很珍贵，都值得鼓励。

心愿的实现需要资金的支持，人们在职业发展的初期就要有助力生涯愿景实现的意识，要为自己建立梦想基金。等生存基金达标后，剩余的钱可以按比例放入学习投资基金或梦想基金，或者按生存基金——学习投资基金——梦想基金的顺序储蓄，在适当的节点兑现心愿。

学习投资基金和梦想基金有重合之处。如果个人的梦想与广义的学习、职业相关而不是纯粹的消费项目时，可以合二为一。实际上梦想基金还能支持到衣食住行等更广的范围。

参 考 文 献

[1] 陈春花. 价值共生 [M]. 北京：人民邮电出版社，2021.

[2] 陈春花. 激活个体：互联时代的组织管理新范式 [M]. 北京：机械工业出版社，2022.

[3] 萨维科斯. 生涯咨询 [M]. 郑世彦，马明伟，郭本禹，译. 重庆：重庆大学出版社，2015.

[4] 许维素. 尊重与希望：焦点解决短期治疗 [M]. 宁波：宁波出版社，2018.

[5] 吴熙娟. 创意叙事与心灵疗愈 [M]. 北京：电子工业出版社，2023.

[6] 汤姆·拉思. 盖洛普优势识别器 2.0：现在，发现你的优势 [M]. 常宵，译. 北京：中国青年出版社，2012.

[7] 周文霞，谢宝国. 职业生涯研究与实践必备的 41 个理论 [M]. 北京：北京大学出版社，2022.

[8] 埃里克·乔根森. 纳瓦尔宝典 [M]. 赵灿，译. 北京：中信出版集团，2022.

[9] 安德斯·艾利克森. 刻意练习：如何从新手到大师 [M]. 王正林，译. 北京：机械工业出版社，2016.

[10] 弗里德里希·恩格斯. 马克思恩格斯全集（第 26 卷）[M]. 中央马克思恩格斯列宁斯大林著作编译局，译. 北京：人民出版社，2014.